悲憤

中野太郎

宮崎学 監修

講談社

まえがき

気がつくと、私は独りで石ころだらけの道を歩いていた。

ここは、どこなんや……。

周囲は薄暗く、砂漠のようでもあり、砂と足元の石ころしか見えない。

ヒューヒューと風が吹いている。

しかたなく歩き続けていると、少し先に川が見えた。岸辺に船頭らしき男が独り、粗末な椅子に腰かけて煙草を吸っている。

私は男に近づき、シャツの胸ポケットから一万円札を出して声をかけた。

「おい、船を出してくれ」

男は、私を一瞥《いちべつ》して冷たく言った。

「船は……ないよ」


そう言われて、目が覚めた。

「あーっ！　親分、気がつかれましたか？」

「親分、大丈夫でっか？」

私は、病院のベッドの上にいて、医師や看護師、妻や若い衆たちに囲まれていた。

脳梗塞で救急搬送されていたのである。

平成一五（二〇〇三）年一月二五日の夕刻のことで、私は六六歳だった。

「あぁ……」

皆に声をかけられて返事をしたかったが、舌がもつれて思うように言葉が出ない。

脳梗塞の後遺症と感じられた。

この日の朝は、いつもどおりに起きて風呂に入ったのだが、どうも頭が重く、調子がおかしかった。

「親分、下着が後ろ前（逆）でっせ？」

若い者が驚いて話しかけてきた。

「いや、ええ」

その手を振り払い、自分で脱いで戻そうとしたが、思うように身体が動かない。おかしいと思いながら、なんとか戻した。

私は、若い者に風呂場で背中を流させたり、着替えを手伝わせたりするのがもともと好きではなく、この日も自分で風呂に入り、着替えていた。

しかし、どんどん頭が痛くなっていき、意識も薄れていった。

「親分？　親分！　大丈夫でっか？」

「もしもし、こちら中野ですけど、すぐに救急車をお願いします！」

慌てて若い者が救急車を呼ぶ声がぼんやりと聞こえていた。

（さっきの川は、夢やったんか……）

目が覚め、安堵とともに、後悔に苛《さいな》まれた。

なぜ死ねなかったのか。

死なせてくれなかったのか。

しかし、言葉は出ず、涙がにじむだけであった。

脳梗塞は、初期の段階で脳の血栓を溶かせば後遺症が残らないこともあるというが、私も若い者たちにもまったく知識はなかった。

それどころか、私は救急車の中で、朦朧《もうろう》とした意識のまま「もう死ぬから」と世話になった兄弟分たちに電話をかけようとしていた。

「もう死ぬ」

「死なせてくれ」

うわごとで繰り返していた。

このときに、「川の夢」を見ていたようだった。

「親分、そこは『三途《さんず》の川』というのか、もう地獄と違いますかね？　賽《さい》の河原みたいなところでっしゃろ？　まあ川を渡ってたら、危ないところでしたな」

こんなふうに若い者たちにからかわれたのは、もう少し後のことである。

「よかったよかった。親分が死んだら、ワシも死のうと思うてましたよ」

そう言って涙ぐんでくれる若い者たちに囲まれていることは、嬉しくないと言えばウソになる。


しかし、私はもう死にたかった。

もう、ええわ……。

ヤクザとしての人生をもう終わりにしようと思った。

ラクになりたかった。


ヤクザ者の私が入院できる病院はなかなか見つからず、最終的には盟友の小西邦彦（山口組系金田組元組員、部落解放同盟飛鳥支部支部長）が取りはからってくれた。

しかし、せっかく病院に運ばれても、つけられたカテーテルをむしり取り、

「ここで死ぬ！　道具（拳銃）、道具を持って来い！」

と呂律《ろれつ》が回らないまま叫ぶ。

ひどい患者もいたものである。

看護師たちも、一目でヤクザ者とわかる私や若い者たちを怖がって、近づこうとしない。


思えば私の人生は、ずっと生き地獄である。

かつてはヤクザとして。

現在は脳梗塞の後遺症がある不自由な身体で。


墓場どころか、地獄まで持って行こうと決めていたことがいくつかあった。

しかし、これらのことを話さないうちは死ねないと、今さらにして思い始めた。

不自由ではあるが、身体が動くうちに、ここに記しておこう。


本書で書くことは、私個人の体験に基づくものであり、異議のある方、ご不快に思われる方も多いだろう。

あるいは、私の思い違いもあるかもしれない。

人間関係も複雑で読みにくい部分も多いとも思う。

しかし、私は自分が見たこと、聞いたこと、考えたことを正直に書いたつもりである。ご了承を願いたい。

中野太郎

聞き手によるまえがき

「あの事件」から、すでに二〇年を経た。

宅見勝若頭の射殺と、その一年前の中野さん銃撃事件である。

当事者とされる中野さんが沈黙を守り続けたことから、さまざまな臆測が飛び交っていた。

「宅見の事件を含め、すべてお話ししておきたい」

引退して病床で静かに余生を過ごしている中野さんから声をかけていただき、私は光栄にもお聞きできることになった。

中野さんのゆっくりとした口調から生々しい事実が語られることに、私は驚きながらも、中野さんのヤクザそのものの生き方をある意味で羨んでいた。

中野さんとの対話は、自分の生きてきた道を改めて考える時間でもあった。御縁をいただいたことに感謝している。

本書の出版にあたっては、私が体調を崩したこともあり、思ったよりも時間がかかってしまった。

この場を借りて関係者の皆様にお詫びしたい。

なお、本文では肩書は当時のものを使用し、一部敬称を略させていただいている。また、報道の引用の際には数字などの表記を統一した。

そして、故人となられている方についても、明記していない。

二〇一八年一一月九日　宮崎学

若き日、山健組事務所にて

まだ若きころ、渡邉芳則元五代目山口組組長らとともに

1991年1月1日、初詣をした五代目山口組執行部。前列中央に並び立つのは
渡邉芳則組長（右）と宅見勝若頭。表に出ることを嫌っていた
中野太郎若頭補佐は後列左端に顔をのぞかせる（撮影 真弓準）

悲憤

目次

悲憤

中野太郎

装幀　岡 孝治

第一章

宅見勝若頭射殺事件

「あかん、今や」

私、中野太郎と「中野会」について、読者の皆さんが知りたいことがあるとすれば、宅見《たくみ》勝《まさる》若頭《わかがしら》射殺事件をおいて他にはないだろう。

まずは、このことから書きはじめたい。


平成九（一九九七）年八月二八日、午後三時二〇分ごろ。兵庫県神戸市内の「新神戸オリエンタルホテル（現・ANAクラウンプラザホテル神戸）」四階のティーラウンジ・パサージュで、五代目山口組の宅見勝若頭（当時六一歳）が四人組の男たちに頭や首などを撃たれ、流れ弾が隣席の歯科医師（同六九歳）の後頭部に命中した。同じ青色系の作業服、帽子姿の男たちは外に待たせていた乗用車に乗って逃走した。

若頭と同席していた山口組幹部たちは無事だったが、昼下がりの凶行にホテルは騒然となった。

宅見若頭は搬送先の病院で一時間後に、歯科医師は六日後に亡くなっている。

あれからもう二十年以上になる。

この事件は、設立から百年余りを経た山口組の歴史の中でも、最も注目されたものの一つだろう。

この事件がなければ、私は今ごろどこで何をしていただろうか……。

このように考えたことはないといえば、ウソになる。

「まだか？　まだか？　はようカシラ（若頭）を……」

事件の一年くらい前のこと。

毎日のように、私のもとへ「五代目」から電話がかかってきていた。五代目山口組・渡邉《わたなべ》芳則《よしのり》組長である。

頻繁《ひんぱん》に電話がかかってくるようになったのは、私が京都・八幡《やわた》市内の理髪店で会津小鉄の者たちの銃撃を受けた直後からであったと記憶している。

五代目はいつも苛立ちを隠さず、私たち二人は、ときには何時間も、「この件」で話し込んだ。

私は正座をしたまま、電話の向こうの五代目の声に耳を傾けた。直接会って話すことも少なくなかった。

当代の前では、私はいつでもどこでも、何時間でも正座していた。それが当代への礼儀だからだ。顔の見えない電話でも同じことである。

当時は携帯電話や自動車電話の使い勝手が今ほどはよくない時代でもあり、移動中に連絡があったときなどは、公衆電話ボックスに駆け込んでかけ直すことも珍しくなかった。

五代目の「望み」は、ただ一つだった。

「とにかくはよう、カシラの……」

命（タマ）を殺（ト）れ、ということである。

自他ともに認める「五代目の親衛隊長」である私にしか、五代目はこんなことを頼めなかったのだと思う。

このことを初めて言われたのは、いつだったたか。今となっては、思い出せない。

それなりに衝撃ではあったが、それと同時に「やっぱりなあ」という思いも同じくらいあったことは覚えている。

だが、「喧嘩《けんか》太郎」「人斬り太郎」と呼ばれ、「そんなもん、いてもうたれ」が口癖の私であっても、簡単に「ハイわかりました」と言える話ではない。

宅見勝は、五代目山口組の若頭として組を差配する、組長の女房役であり、事実上の山口組のナンバー2である。

そのような者を狙うなど掟《おきて》破りもはなはだしく、私だけではなく中野会の存続に影響する。そして、事実そうなってしまった。

「宅見は、病気でもう長いことないと自分で言うてますし、引退も考えてますやろ？　ほっといても死にますわ」

私は、静かに言った。

だが、五代目は私を見据えて言った。

「……あかん、今や」

「…………」

「今、トるんや」

「…………」

なぜ、五代目はそこまで宅見を憎むようになっていたのだろうか。

たしかに宅見は難儀な男ではあった。

宅見が関与したと言われる事件は少なくなく、その一方でスマートな「経済ヤクザ」と評され、カタギ衆とも親交があった。

だが、たとえば、山一抗争の発端となった一和会に対する「義絶状」を書いたのも宅見である。山一抗争については後でくわしく述べるが、「義絶状」が一和会の者たちを激怒させたことは周知の事実である。「義絶状」など出さなければ、竹中正久四代目が撃たれることもなかったはずだ。

とはいえ五代目の真意は、私にもわからない。当時の宅見は末期のがんを患っており、すでに引退の準備をしていたのも事実である。わざわざ危ない橋を渡る必要があったのかどうか。

ただ、五代目は、宅見から「五代目山口組にしてやった」というように言われるのが堪《たま》らなかったようではあった。これも事実でないとは言わない。五代目山口組組長の候補者を選ぶ際に、「若くて経験が不足している」と異を唱える親分衆も少なくなかった。そうした不協和音を調整できるのは、宅見をおいて他になかった。

だが、それをいつまでも恩着せがましく言われたら、腹も立つというものだ。

「あのガキ、なめやがって……」

いつもそう言っていた。

また、カネの問題もあったと思う。

「経済ヤクザ」として名を馳《は》せたわりに、五代目に対してはケチくさいことを言っていたようだった。

宅見勝という男

私が宅見と初めて会ったのは、いつだったか。

これも、今となっては思い出せないのだが、宅見の名が知られるようになったのは、昭和五〇（一九七五）年に始まった大阪の独立組織・松田組との「大阪戦争」のころだったと思う。

大阪戦争については後でくわしく書くが、山口組と他組織との最後の大規模抗争である。その後の山口組では山一抗争などの内部抗争が多くなってしまう。

大阪戦争では、山本健一若頭が山健組を率いていたこともあり、山健組の若い者たちが中心に動いた。この若い者たちの中には、のちに中野会に入った者もいる。

当時の私は刑務所を出たり入ったりで、大阪戦争ではとくに「活躍」はしていない。このときは、神戸山口組の初代組長になった井上邦雄や「山健三羽ガラス」の一人で盛力《せいりき》会会長だった盛力健児などが功績を挙げて長期の懲役を務めている。

その中で、山健組ではない福井組の若頭だった宅見が、爆弾を搭載したラジコンヘリで松田組組長宅の襲撃計画を立てたことが話題になった。松田組長宅は警備が厳しかったため、空からの襲撃を企てたのだが、事前に発覚して宅見の子分らが逮捕されている。

山本若頭を尊敬していた宅見が若頭に取り入り、のちに山本若頭の推薦で田岡一雄三代目の直参となったとも聞いている。とはいえ、当時の宅見は己の野心のためというよりは山口組という組織のためを思って活動していたように見えた。

宅見を変えたのは、昭和の末の不動産バブルだと思う。

バブルの生み出すカネは宅見だけではなく、多くの者の心を狂わせ、道を誤らせたのだが、宅見は山口組に多少は残っていた「任俠道」を「金狂道」一色にしてしまった張本人である。

バブルの波に乗り、圧倒的な資金力を誇って「経済ヤクザのさきがけ」と言われていた宅見は、カネで何でも解決できると思うようになった。

カネがすべての宅見は、「当代の重み」を無視した。

現在の山口組には、その流れが続いている気がしてならない。

代紋の下にいる以上、代紋を守り、当代を大切にするのはヤクザの矜持《きょうじ》である。

当代を悪《あ》しざまに言う者たちは、山口組を悪く言っているのであり、それは即ち己を貶《おとし》めていることになる。

しかし、宅見にはそれがわからなくなっていた。

「あんた、だれのおかげでそこ（組長の座布団）に座っとるんや？」

いつしか宅見は五代目に対してそういう言い方をするようになっていた。

己も五代目の若頭として権勢をふるい、ヤクザとしてはあり得ないような額のカネを動かせたのではなかったか。

一方で、五代目も五代目である。

五代目就任に際して、宅見から「若頭就任の暁には五十億円を持っていきます」と言われていたのに、約束を反故《ほご》にされたのだという。

「あのガキ、そのカネで、伊豆にごっつい別荘を建てよった」

「あれは、もともとワシのカネや」

五代目はよくこぼしていたが、しょせんはカネの話でしかない。

私からすれば、「どっちもどっち」なのだが、より悪いのは宅見である。

そして、情けないことに五代目もカネの魔力に目がくらんでしまっていたのだった。

私も、カネは必要ないとは言わない。

だが、カネのためだけにヤクザをやっているわけではない。カネのことしか考えず、カタギには「いい人」を装う宅見に対して、いい感情は持っていない。

とはいえ殺すほどのことではない。

私がいくら無法者であっても、殺すのはやはり最終手段なのである。

「ワシ、何か（宅見に）恨まれるようなこと、したかなあ」

五代目はしきりに私にこうぼやいた。

これも、いつごろの話であったか、はっきりとは覚えていない。宅見事件の数年前であろう。

「恨みとか、そういうもんではないのと違いますか？　宅見は、もともとけったいな男やないですか」

私がそう答えても、五代目は腑に落ちない顔をしていた。

「そうやろか……」

腕を組んで考え込んでいる。

今にして思えば、宅見には最初から「若頭という女房役として五代目と仲よう協力し合って組を守《も》り立てていこう」とか、そんな気持ちはなかったのだ。

いったん「組長」という神輿《みこし》に乗せてしまえば、もう五代目など用済みだったのだろう。

そもそも宅見は五代目だけではなく、たいていの者をいじめてきた。カタギにやさしい姿は、ほんの一面でしかない。

だから、「宅見も昔は気分ようつきあえたのに、なんであんなふうになってしまったのか」という五代目の見方は、少し違う。

もともと恐ろしい男だったのだ。

それでもバブル以前の宅見は、もう少しマトモではなかったか。カネが宅見を、ヤクザを変えてしまったのだと思う。

苦悩の日々

「最初は『謹慎』で辛抱してくれんか？　いずれ折をみて必ず復帰できるようにするから」

五代目は、私にこう繰り返した。

宅見を殺しても、組織に「居場所」を確保するというのである。

しかし、問題はそう簡単ではない。仮に何年後かに私が復帰できて、中野会が復活したところで、犠牲は少なくないだろう。

まず、実行犯はその場で射殺されるか、長い懲役に行くか、場合によっては死刑になる可能性もある。

もちろん実行犯だけの問題ではない。

中野会の犯行と知れれば、一門の者たちは宅見組の者たちから凄惨なカエシ（報復）を受けるだけでは済まない。組織の内外から強い批判にさらされる。

つまり一門の者たちや家族が、みな路頭に迷うことになる。

同じ組織の幹部を殺すことなど大罪中の大罪であり、絶縁処分は必至である。

しかし、五代目は私に「絶縁にはしない」と強調した。

ヤクザの世界で、組織の掟に背《そむ》いた者に対する処分のうち、最も重いものが絶縁である。復帰の余地がある破門に対し、絶縁にはその余地がない。ヤクザとしての人生は終わるのである。

これらの処分がなされると、執行部が友好団体などに「破門回状《かいじょう》」や「絶縁状」を送付する。この通知を受け取った組織は、処分された者との関係を断たねばならない。関係を続ければ、処分した団体への敵対行為とみなされるからだ。

また、親分が処分を受けた場合は、子分たちは路頭に迷うことになる。

他の組織に拾われることもあるが、新しい親分とうまくいくかどうかはわからない。

もちろん、足を洗ったところで「元暴力団員」というレッテルは一生はがれない。もともと学歴も手に職もない者がほとんどであり、行き場などない。最後の砦《とりで》である組を追われたら、どうなってしまうのか。

一方で、宅見はもう長くは生きられないということは、山口組では多くの者が知っていた。事件の前から若頭の後継者選びが取り沙汰されてもいた。

しかし、なぜか当時の五代目は何かに憑《つ》かれたように宅見のタマをトることだけを考えていた。

「あのガキをはよ……」

当代にここまで言われたら、親衛隊長の私は思いを叶えるしかないではないか。

とはいえ……。

いくら当代の命令でも、ありえない話なのだ。

「弱ったのう……」

独りで逡巡《しゅんじゅん》する日々が続いた。

運命の日

「いずれは（組に復帰できる）……」

そう言われたところで、正式に復帰できるまで何年かかるかはわからない。その間の生活の保障は、もちろんない。

悩んでいる間にも、五代目からの電話はやまない。

どうすればいいのか。


もちろん、私は宅見のことは嫌いだし、宅見も私を嫌っていた。

「アレ（宅見）はあかんのや」

「やっぱり、やらなあきまへんか……」

私もすでに若くはなく、バブルも崩壊しており、経済面でも実行犯をどこまで守れるかも自信がなかった。

しかし、五代目は相変わらず毎日、電話をかけてくる。

「まだか？」

「はあ……」

「後のことは心配せんでもええ。はよ……」

「はあ……」

さて、どうしたものか……。

結論は、なかなか出なかった。

悩んでいてもしかたないので、私は側近で中野会副会長の弘田憲二（弘田組組長）らを呼び出して、相談することにした。

弘田は高知の出身で、高知の三代目山口組舎弟の中井啓一率いる中井組の若頭をしていた。中井は昭和五九（一九八四）年の一和会結成時に最高顧問に就任したが、山一抗争終結によって中井組は解散、本人も引退している。

その後、弘田組はしばらく一本独鈷《どっこ》（独立組織）でやっていたが、弘田が平成四（一九九二）年に私の盃《さかずき》を受けて中野会の傘下に入った。

「じつは、な……」

「ええっ？　宅見のガキを殺《ヤ》れと？」

弘田らはとても驚いていた。

「あれはもう肝臓ボロボロなんでっしゃろ？　ほっといても死にますやろ？」

「うーん……そうは言うても、コレがな……」

私は親指を立てた。「親分」という意味である。

「……まあ、五代目がそう言わはるなら……。散髪屋の件もありまっさかいにな」

弘田が腕を組んだ。

「散髪屋の件」とは、後述するが、私が京都・八幡の理髪店で銃撃された事件である。これも宅見の関与は間違いなかった。

「そうですわ。それに、五代目の威光で宅見がやりたい放題なのは、みんな怒ってますわね」

弘田は、こう言うと黙り込んだ。


その後も「結論」は出ず、日にちばかりが過ぎていった。

だが、私の気持ちを察して、彼らは作戦を練り始めたようだった。

傘下の組織の者から、宅見の日常の動向を探るための「偵察部隊」と、襲撃のための「実動部隊」を作り、銃撃のチャンスを狙うことにしたのである。

宅見は敵が多いせいか用心深く、なかなか襲撃のチャンスはつかめなかった。ただし、カタギと会うときはボディガードを遠ざけていたようだった。

そして、とうとう「その日」を迎えてしまったのである。

「犯人は中野や！」

宅見射殺の第一報を聞いたのは、事件後すぐだった。

ついに、やってしもうたか……。

「(事件後は) しばらく謹慎しとけ」

私は五代目の言いつけを守るしかなかったが、これから起こるさまざまなことに思いをめぐらせると、暗澹《あんたん》たる気持ちになった。

当然のことながら事件後は大騒ぎになり、すぐに（山口組）執行部の者たちが本家に集合した。

事件当日、平成九（一九九七）年八月二八日のＮＨＫニュースは、次のように報じている。

神戸で山口組幹部撃たれ死亡　巻き添えで一人重体

きょう午後、神戸市内のホテルにある喫茶店で、四人組の男が拳銃を発砲し、暴力団山口組の幹部が撃たれて死亡したほか、現場に居合わせた男性一人も巻き添えで重体となっており、警察では暴力団どうしの抗争事件の可能性が強いとみて捜査しています。きょう午後三時二十分ごろ、神戸市中央区加納町のJR山陽新幹線の新神戸駅の前にある新神戸オリエンタルホテルの四階にある喫茶店で、押し入ってきた四人組の男がいきなり、拳銃およそ十発を発砲しました。

兵庫県警察本部によりますと、この事件で、店の中にいた暴力団山口組の幹部で宅見組の宅見勝組長が頭や首を撃たれて死亡したほか、店にいた兵庫県芦屋市奥池町の六九歳の歯科医師も頭に弾を受けて重体となっています。警察の調べでは、医師は宅見組長の隣のテーブルに座っていたということで、巻き添えで撃たれたものとみられています。

また、四人の男は、いずれも同じ形の作業服を着て帽子を被っており、そのまま走って逃げたということです。

警察によりますと、宅見組長は山口組の組長に次ぐ幹部で、当時は喫茶店で山口組のほかの幹部二人と雑談中だったということです。兵庫県警察本部では、宅見組長に数発の弾があたっていることから、宅見組長を狙った暴力団どうしの抗争事件の可能性が強いとみて捜査しています。

警察の捜査はなぜか後手に回ることになるが、山口組ではその日のうちに「中野会の犯行」と知られていた。

自分の組織の大幹部を殺すなど、それだけでも許されないことなのに、居合わせたカタギの歯科医師にも流れ弾が当たったことで、事態はいっそう深刻になった。

この歯科医師については、「宅見の客だった」との噂もあるが、確認のしようもなく、一般人が犠牲となったことに変わりはない。

対応に追われた執行部は殺気立ち、中野会会長代行で五代目の秘書も務めていた井奥文夫が執行部に呼ばれた。この井奥が私について、いろいろと話をしたようだった。

だが、五代目は「（射殺事件について）だれも動かぬように」と言っただけだった。

普通なら、すぐに組を挙げての「犯人捜し」が始まるものだ。

五代目の指示は異例中の異例であったが、そのことで、かえって五代目と私の関与が疑われることになる。

当時、五代目に忠実に従っていたのは私だけといっても過言ではなかったし、私が直接指示していなくても、私の配下の者の犯行となれば、五代目も一緒に疑われるのは当たり前だろう。

それでも、五代目は沈黙を守ったのである。


宅見の葬儀は、八月三一日に行われた。

五代目に謹慎するよう言われていた私は、列席しなかった。すでに中野会の犯行とされている以上、ややこしいことになるのもわかっていた。

そして、葬儀後に開かれた幹部会で、私の「破門」が決まった。

「幹部殺害」にしては軽すぎる処分であり、このことに反発する者も多かったと聞いた。ほとんどの組長たちが私の絶縁を望んだのに対し、五代目は、「まだ犯人とわかってはいないやないか」と反論したという。


この日を境に、中野会の関係事務所に対する発砲や火炎瓶投擲《とうてき》などが相次いだ。これが宅見射殺に対するカエシ（報復）であることは、だれの目にも明らかであった。

若い者たちには、「つらくとも絶対にカエシはするな」と厳命しておいたので、中野会は反撃していない。

一方で宅見組関係者からのカエシは続き、最終的には三七件の報復事件が発生している。この結果、中野会の関係者に十人の死傷者が出たうえ、二人の市民にも巻き添えで重傷を負わせることになる。


そして、事件から五日後の九月二日。

私は自宅に傘下団体の組長たちを集めて、こう言った。

「宅見の事件は、うち（中野会）はやっていない。ワシも二、三年で山口組に復帰する。今はいろいろ言われるやろうが、まずは行動を慎むことや。とくに宅見組の者たちとの諍《いさか》いは避けろ」

傘下の者たちは、黙って聞いていた。

「山口組に残りたいのやったら、中野会を出て山口組に残ってもええ」

私は本心からそう思っていたが、子分たちはどうしていいかわからなかったかもしれない。

だが、その翌日の九月三日、被弾して入院していた歯科医師が亡くなったことで、執行部は私の絶縁処分を決定する。

「話が違うやおまへんか！」

私は電話口で五代目に怒鳴った。

「それが……。執行部に押しきられてしもてな……」

「組のためになんで絶縁や？　ワシは五代目のためにがんばったのに、おかしんちゃいますか？」

「すまん……」

そう言ったきり、五代目は、その後は電話にも出なくなった。

ついこの間までは毎日、五代目自ら電話をかけてきて、何時間も話していたのだが……。

まさにハシゴを外されたのだが、後悔したところで遅かった。

針の筵《むしろ》で

ヤクザとして生きていれば、理不尽な思いをすることのほうが多い。「好《い》い目」を見られる者は、ほんのわずかである。

カネがあるのは一握りの親分だけで、カネがあっても宅見のように殺されたり、あるいは殺したり、長い懲役に行ったり、傍《はた》から見れば愚かでしかない。

では、なぜヤクザになるのかと聞かれれば、「他に道がなかったから」と答えるしかない。

『山口組三代目　田岡一雄自伝』（田岡一雄、徳間書店）で、田岡一雄はヤクザ組織について次のように述べる。

「子供のときのわたしがそうであったように、みんなもわたし同様、暗い、悲しい環境に生まれ育った者ばかりである。そういう愛情に飢えた者同士が肩寄せ合い、心を温め合うことにだれに遠慮がいるものか。山口組が鉄の団結力をもつというならば、それは日常生活における愛情の分け合い以外のなにものでもない。（略）

わたしのところに集まってくる者は、みんないいところをもっているくせに、親の手にも負えない拗《す》ね者が多い。放っておけば悪くなる一方だ。
それを規正し、なんとか人並に働かそうと心配しているのが組である。
極道者はわたしがまとめて面倒をみるが、それを不逞無頼《ふていぶらい》の集団として目の敵《かたき》にするならば、いっそのこと、組もいかん、会もいかんという法律をつくったらいいではないか。わたしは遵法《じゅんぽう》精神は旺盛なつもりでいる。（略）
わたしの目の黒いうちは、絶対に山口組を解散させない。解散させる理由はどこにもないからだ。なぜ解散せねばならぬのか、その理由を教えてほしいのだ」

有名大学の出身者もめずらしくないが、ヤクザの大半は幼少時から差別や貧困、暴力にさらされ、生きるための知恵を授けられずに育った。
読み書きも満足にできず、手に職もなく、思考力に欠け、すぐに暴力をふるうような者を雇うような企業はない。ヤクザ組織とは、そうした者たちが「肩を寄せ合える場」として機能してきた面もある。

ヤクザ者たちは、放っておいたら何をしでかすかわからない。それを何とか抑えているのが親分衆である。

ただし、ヤクザもある日突然、ヤクザになるわけではない。たいていはあたたかい家庭に恵まれず、差別や貧困の中で育っている。

だからといって、私たちの存在を肯定しろと言うつもりはない。

ヤクザは、ヤクザ。それだけである。

当時は謹慎中で、中野会の若い者たちは針の筵に座らされていた。

とはいえ、ピリピリしていたのは宅見組と警察、そして若頭補佐の桑田兼吉（三代目山健組組長）など執行部の一部だけだったと思う。私は家を抜け出して、電話に出ない五代目に苛立ち、直接、話をつけようと試みた。五代目の姐《ねえ》（夫人）が会うと言っていると五代目の側近だった近松博好が持ちかけてきたのである。

自宅周辺は機動隊が詰めているので、妻の名義の自家用車のトランクに入って運転させ、近くの喫茶店の駐車場で別の車に乗り替えるなどスパイ映画のようなこともやった。

妻の車なので、トランクが開けられることもなかった。今なら完全にアウトだろう。

「なんで、親分をこんなところに……」

私は上背があり、トランクに入るのはなかなか大変で、若い者たちはつらそうだったが、私はおもしろがっていた。今でも笑い話である。

そうしてまで出かけて行ったわけだが、結局、五代目の姐さんはおらず、いたのは近松一人だった。これでは話にならない。

帰りは、もう邪魔臭くなり、助手席に乗って堂々と帰った。

「会長、どうやって出たんでっか？」

警察官たちにもびっくりされた。

そして、その後も中野会にとって針の筵の日々が続くことになる。

半年後の指名手配

五代目山口組の執行部は、最初から私を犯人扱いしていた。当日の井奥（文夫・中野会会長代行・五代目の秘書も）らの証言もあり、監視カメラにも実行犯の映像が残っていたので、すぐにパク（逮捕）られると私も思っていた。

だが、実行犯が逮捕されるまで、事件から約一年を経ることになる。なぜそこまで時間がかかったのだろうか。

報道では、「(平成四年の）暴対法の施行で警察とヤクザの関係が悪くなり、警察がヤクザから情報を取りにくくなった」などの臆測が飛んだが、理由は私にもわからなかった。

事件の翌年である平成一〇（一九九八）年二月。名前は伏せられていたが、宅見が殺された新神戸オリエンタルホテルの監視カメラに写っていた男が中野会関係者であることが報じられた。

写っていたのは、中野会風紀委員長の吉野和利である。事件から半年が過ぎていた。吉野は、九州中野会時代からの若い者である。インターネットなどでは、吉野を「若頭補佐」としているようだが、吉野はずっと風紀委員長であった。

このホテルの建物の一階から三階に設置されたカメラには、襲撃犯グループが逃げる姿も写っていたのに、この事件でビデオに写った人物が特定できたのははじめてだった。

今はビデオカメラの性能も飛躍的に進化しているから、これほど時間がかかることはないのだろうが、当時としても「ようやく」という印象だった。

それからさらに二十日ほどして、吉野を含む実行犯の四人が特定された。しかし、宅見射殺の決め手となる物証が乏しかったせいか、それぞれ別件の暴力行為や詐欺容疑で指名手配された。

実行犯の指名手配によって逮捕も時間の問題となったが、吉野は同じ年の七月に、潜伏先の韓国で遺体となって発見された。

これには、宅見組によるカエシという見方以上に、「中野会による口封じ」との噂が広まった。

これは、韓国の警察が先に遺体を解剖してしまったことなど、日本の捜査当局が「コケにされた」と感じるようなことがあったからかもしれない。

だが、もちろん私はこのようなことは指示していないし、吉野には持病もあった。

そうは言っても、取り返しのつかないことには変わりはない。

平成一〇（一九九八）年、一〇月にはヒットマンの中保喜代春が別件逮捕され、翌年二月に吉田武、七月に川崎英樹が逮捕される。

事件から九年になろうかという平成一八（二〇〇六）年六月には、ヒットマンの鳥屋原精輝の遺

体が神戸市内の倉庫で発見され、平成二五（二〇一三）年六月には見届け役の財津晴敏が逮捕された。

宅見事件をめぐっては、襲撃に直接関与したとされる六人のうち四人が実刑判決を受け、二人は遺体で発見された。最後に逮捕された財津の判決が確定するまで、事件から一七年を要した。

その後、ついに中野会の山口組への復帰はかなわず、五代目も亡くなってしまった。

そして、私の生命ももう終わろうとしている。

ヤクザの末路は、このように哀《かな》しいものなのだ。

第二章
凄惨な報復のなかで

破門から絶縁に

平成九（一九九七）年九月三日。

宅見事件の巻き添えを食った歯科医師が死亡した。これによって、私の処分は「破門」から「絶縁」になった。

五代目は、私と中野会がいずれ山口組に復帰できるようにすると約束したのに、「執行部に押しきられた」と言う。

絶縁では、復帰の芽はない。

私は途方に暮れたが、一本独鈷としてやっていく腹積もりもできていた。

私への「絶縁状」は、今やインターネット上に出回り、だれでも見ることができるらしい。

私は見る気もないので、真贋《しんがん》はわからないが、おそらく本物であろう。

出回っているものは、いかにもそっけない文面である。

絶縁状

謹啓　時下御尊家御一統様には益々御清祥の段大慶至極に存じ上げます
　　　　　　　　　　　　　　　　　　　　　　　　　　　　扨而　今般
元当組若頭補佐　中野会々長　中野太郎六〇歳（神戸在住）
右の者　平成九年九月三日付を以て　絶縁　致しました
右　念の為御通知申し上げます

　　　　　　　　　　　　　　　　　　　　　　　　　　　　　　敬具

平成九年九月
五代目山口組総本部
御賢台様

これで、他組織も私とつきあうことはできなくなった。つきあえば「山口組への敵対行為」とみなされてしまう。

それにしても、紙切れ一枚で、なんとも味気ないものである。

以前は「右の者　任俠道に反する素行甚だしく看過出来ず」とか「犬畜生にも劣る行為

多々あり」などいろいろ書かれたり、場合によっては顔写真がついていたりしたのだが、私のときからこのような簡潔なものになったらしいと若い者から聞いた。

「まだ、犯人と決まったわけではないやないか」

五代目は執行部にそう言ったようだが、それで納得する者はいなかった。

当時はまだ犯人は特定されておらず、私も殺人教唆《きょうさ》などの疑いは今日までかけられていない。にもかかわらずの処分である。

それだけ執行部に私を追い出したい者が多かったということだ。

私の絶縁が決まると、その後しばらくは五代目からも山口組執行部からも何の音沙汰もなかった。

通常であれば、傘下の組長は絶縁されると引退して組織は解散となる。

そして、配下の者たちは山口組の「預かり」となり、その後に移籍先が決められていく。

しかし、執行部は各組に中野会の組員の受け入れを禁止し、私も、引退も中野会の解散もしなかった。

これには、組の内外で首をかしげる者も多かった。

警察は「五代目は中野と同じ山健組の出身だから、中野を庇《かば》っているのだろう」などと新聞にコメントしていた。警察も当時から宅見の射殺に関して、五代目の関与をそれとなくつかんでいたという話が出ているとも聞いた。

しかし、今思えば執行部もどうしていいのか、決めかねていたということもあるだろう。二千人近い規模の組織の組長の絶縁など、そうあるものではない。

たとえば一和会は最盛期には六千人を数えたが、山一抗争をはさんで切り崩されていき、解散時には五十人もいなかったといわれる。

私が引退すれば、いきなり二千人の若い者たちが路頭に迷うことになる。執行部としては慎重にならざるを得なかったのではないか。

また、私の進退よりも若頭の不在をどう補うかのほうが、喫緊《きっきん》の課題だったというのもあるだろう。

絶縁処分に対して、私は引退も解散もせずに五代目の指示をひたすら待つだけであった。しばらくの間は私も静観するほかはなかったのである。

山本広・一和会会長の引退について、平成元（一九八九）年三月一九日のNHKニュースは次のように伝える。最後に残った人数について「四十人」あるいは「五十人」と伝える報道機関もある。

五年前広域暴力団山口組から分裂し、その後山口組と対立抗争を繰り返してきた、神戸の暴力団一和会が解散届を出し、兵庫県警察本部では、これによって山口組の勢力拡大の動きがいっそう活発化するおそれが強いとみて警戒を強めています。

これは、一和会の山本広会長が、きのうの午後、地元の兵庫県警察本部の東灘警察署に出向き、理由については説明しなかったものの、口頭で一和会を解散するとともに、会長を引退することを明らかにしたものです。

「一和会」は、昭和五九年、山口組の竹中正久四代目組長の就任をめぐって、これに反対する山本広会長らが分裂して結成したもので、昭和六〇年一月には、竹中組長を射殺するなど山口組と対立抗争をくり返してきました。

しかし、山口組の激しい反撃や警察の資金源の封じ込めなどの取り締まりによって、傘下の主な組長が次々と引退に追い込まれ、最近では、組員の数も二十人にまで落ち込みました。

四代目の襲名をめぐっては、山広（山本広）に同情的な者も多かったことは事実である。特に武闘派の「加茂田軍団」を率いた加茂田重政が山広側についたことで、支持は一気に強まった。

加茂田（重政）は、実父も山口登二代目の若い者であり、子どものころから不良で鳴らしていたと聞いている。だが、その加茂田も一和会解散の前年に引退を表明、渡世から身を引いた。

自分はともかく、若い者を路頭に迷わせるわけにはいかない――私は焦りを感じていたが、それ以上に宅見組からのカエシ（報復）への対応に追われることになる。

怒濤の銃撃

最終的には絶縁となったが、八月三一日に私の破門処分が決まった段階で、すでにカエシとみられる事件は相次いでいた。カエシはとどまるところを知らず、数年にわたって続くことになる。

「あのころは、往生しましたわ」

今でこそ若い者たちにからかわれるが、当時は笑い話では済まなかった。

九月七日には、五代目山口組総本部は電話やファクシミリなどで国内の「ブロック長」を通じて、傘下組織に「中野会系の組事務所や組員の自宅、関連会社の事務所への発砲禁止」を通達、違反者には処分も行うとした。

だが、発砲だけでなく火炎瓶投擲などの襲撃はおさまらず、その後も再三にわたって通達が出されることになる。


ヤクザ社会では、本家の親分から直接盃を受けた者を「直系組長」や「直参《じきさん》」と呼ぶことがある。直系とは「本家に直接つながっている」という意味である。直参とは、本来は江戸時代の徳川家に直属していた旗本と御家人の総称であり、本家に直属していることを意味する。

山口組は、五代目体制から全国の直系組織を「関東」（北海道や東北も含む）のほか「東海」「中部」などの「ブロック」に分け、総本部を通すまでもないような案件はブロック内で対応してきた。

神戸山口組が誕生した平成二七（二〇一五）年にはブロックの改編が行われ、「大阪北ブロック」

と「大阪南ブロック」を合併した「関西ブロック」が誕生したが、これは「抗争体制への準備」とも噂された。

私たちへの銃撃を禁止した通達は、もちろん私たちを守るためではなく、「市民への配慮」でもない。単なる組織防衛である。この年の一〇月に暴力団対策法（暴対法）が改定され、抗争時に事務所の使用を制限できることとされたのだ。

発砲事件が続けば「抗争状態」とみなされて、暴対法の規制を受けてしまう。そうなれば宅見組だけではなく山口組総本部なども事務所使用が制限されることになり、それを避けたかったのだ。

この改定で山口組に限らずヤクザは危機感を持ったが、暴対法はその後も厳しくなっていく。

ヤクザの事務所とは、文字どおり「事務所」である。拳銃や覚醒剤などは置いていない。警察もマスコミも把握している場所に危険なものは置かないのである。

事務所では、盃事や破門・絶縁などの回状の作成や印刷・発送の手配のほか、盆暮れのあいさつの発送の手続きなども行う。ヤクザは縁戚団体との交流には特に気を配っており、事務所がなくなると、こうした手続きも厄介になる。

だが、平成二三（二〇一一）年に暴力団排除条例（暴排条例）が全国の自治体で施行されたことで、贈答などは事実上できなくなった。

なお、「山口組名物」のハロウィンの菓子配布は、平成二七（二〇一五）年の分裂問題で一時期中止されていたが、後に再開されている。

神戸にはもともと外国人が多く居留し、日本でハロウィンがあまり知られていなかった時代から仮装した子どもたちが各戸をまわっており、そうとは知らずに山口組総本部にも魔女やドラキュラの扮装をした子どもたちが訪れていた。

最初は突然現れた奇抜な格好の子どもたちに当番たちも驚き、小遣いなどを与えていたようだが、ハロウィンの風習を知った田岡一雄三代目が子どもたちに菓子を与えるように指示し、それが現在も続いている。

若頭射殺から一ヵ月で二一件の襲撃

その後も五代目山口組執行部は再三にわたって銃撃を禁止する通達を出したが、「カシラ（若頭）をト（殺）られて黙ってはおれん。執行部はなぜ（中野会襲撃を）させないのか」との声が強かった。

また、「銃撃をやめさせるために中野と実行犯をパクれ」という声も出ていたが、警察はなかなか実行犯を特定できず、このことも報復攻撃が長引く原因となった。執行部が私を「犯人」と決めつけて絶縁した以上、宅見組に限らず山口組全体にこうした不満を持つ者がいるのは当然であり、五代目と私の「関係」を疑う者も少なくなかった。

読売新聞によると、九月二日の福岡県前原市《まえばる》（現・糸島市内）の中野会系事務所銃撃を皮切りに、事件から一ヵ月となる二七日までの間に全国で二一件、七十発以上の弾丸が撃ち込まれている。改めて報復の壮絶さと全国に拠点を置いていた中野会の存在感がうかがえる。

また、銃撃だけではなく火炎瓶投擲や刺殺事件も起こっており、さらに熊本市では組関係者と間

違われた市民が撃たれる事態となり、緊張感は収まらなかった。この状態が数年にわたって続くことになる。

〈宅見事件直後の宅見組関係者による中野会関係者らへの報復（読売新聞調べ）〉
9月2日　福岡県前原市（2回）
4日　東京都豊島区・大阪府寝屋川市（2ヵ所）
6日　東京都足立区・和歌山市（関連会社）
7日　東京都八王子市（関係者の車）
8日　和歌山市
10日　熊本市内の病院駐車場で看護士（30歳）が撃たれて重傷。宅見組系組員2人を殺人未遂容疑で逮捕
12日　大阪府枚方市（火炎瓶投擲）
13日　千葉市（関連会社）
14日　大阪府富田林市
15日　仙台市

17日　京都市（中野会系組員の知人宅）・大阪市の関連会社
19日　高松市内の路上で中野会関係者の男性（59歳）が撃たれ、死亡
24日　岡山市（車両特攻）・福岡市の関係金融会社
26日　和歌山市の焼き肉店・風俗店

本部事務所の立ち退き

発砲事件が相次いだ九月とくらべると、一〇月は目立った報復事件は起こらなかった。五代目山口組本部が出した通達や暴対法の施行もあって、傘下組織のガラス戸に三発の弾痕が見つかったことが報じられた程度である。

だが、一一月に入ると、一六日夕方に大阪市内を乗用車で移動中だった知り合いの不動産仲介業者が銃撃され、重傷を負う事件が起こった。

また、翌一七日早朝に京都・八幡市内の私の自宅に男が火炎瓶を投げつけ、待機していた京都府警の機動隊員に現行犯逮捕された。警察の検問をトラックで突破してきたのである。火炎瓶は路上で炎上し、自宅には届かなかった。

厳戒警備が続いており、その中での襲撃である。京都府警の発表では、火炎瓶を投げた男と運転手ら三人は宅見組系とのことだったが、宅見組幹部は関与を否定していると報道にあった。もう当時はいろいろなことがあったので、警察もマスコミもわからなくなっていたのだろう。

火炎瓶投擲事件から二日後の一九日、宅見組関係者が事前にヘリコプターで中野宅を上空から偵察しようとしていたことが報じられた。

関係者は一一月四日に大阪・八尾市内の航空会社に八幡市内の神社の空撮を申し込んだが、「とにかく上空を飛んでくれ」と言うばかりで様子がおかしく、不審に思った航空会社が天候不順を理由に飛行を断っていた。

一九日付の日刊スポーツは、次のように報じる。なおコメントしているジャーナリスト・矢嶋は「殺しの軍団」柳川組に籍を置いていたヤクザで、山口組と抗争を続けていた二代目東組二代目清勇会の川口和秀会長の事件を擁護する著作を二〇〇〇年に上梓している。

宅見勝・宅見組組長射殺事件以降、中野会長は自宅にこもったままで、京都府警も24時間態勢で

自宅周辺を警戒。同会長宅に近づくのは難しいため上空から様子を下見しようとしたとみられるが、ジャーナリスト矢嶋慎一氏は「上空からの攻撃を視野に入れた行動」と指摘する。

「宅見組は第1次大阪戦争（山口組対松田組の抗争）のとき、ラジコンヘリを使って松田組組長宅を爆破しようとしたこともあり、空からの攻撃を仕掛けてもおかしくない。今後はロケット砲や、再び爆弾を積んだラジコンヘリ攻撃も考えられる」。

こう着化していた山口組側の中野会への攻撃は最近になってせきをきったように再開した。捜査当局も警戒を強め、在阪の航空会社などに対し、不審者のヘリコプターなどのチャーターを断るように要請した。

また、一一月五日には神戸市内の中野会の本部事務所の周辺の住民たちが神戸地裁に組事務所の使用差し止めなどを求める仮処分を申請した。周辺には住宅や工場があり、住民側は「巻き添えになる危険性が高い」とした。

実際には常に警官がいるのだが、たしかに住民にとっては不都合である。神戸地裁は住民の申請を認め、二六日に若い者たちは自主退去することになった。

翌一二月も大きな事件は少なかったが、一二日夕方に大阪・西成で知人の金融業者が撃たれて大けがをしている。乗用車で逃げた男らはその日のうちに逮捕され、宅見の若い者であることがわかった。

この若い者らは、翌平成一〇（一九九八）年二月の公判で、宅見組の幹部から「中野会関係者のタマ（命）を取ったら、宅見組上層部が三千万円の報酬を出す。道具と若衆を用意してやる」「撃ったらフィリピンへ飛べ」などと指示されたことを証言している。

そして、年末になって、私の自宅のある八幡市内の自治会の関係者が自宅にやってきた。

京都府警のさしがねであろう。

自治会長と弁護士らが、応対した若い者に、（一）自宅を組事務所として使わない（二）組員の出入りを自粛する（三）住民を脅かすような行為をしない、などとした要望書を手渡した。

一一月には自宅をめがけて火炎瓶が投げつけられたこともあるので、これもしかたがないのだが、とにかく二四時間態勢で機動隊などが警備にあたっているので、若い者たちは「ここは日本で一番安全な場所ですわ」と笑っていた。

なお、この年は一一月に当時五代目山口組若頭補佐だった弘道会・司忍《つかさしのぶ》が銃刀法違反容疑で指名手配され、一二月に同じく補佐の山健組・桑田兼吉が銃刀法違反容疑で逮捕されている。

防弾チョッキに救われる

あけて平成一〇（一九九八）年は、一月一〇日に元中野会関係者の不動産業者が射殺されたことくらいで、目立ったカエシはなかった。京都市内の路上でタクシーから降りたところを撃たれたのである。こうしたことを受けて、兵庫県警が「中野会壊滅集中取締隊」を設置した。

一方で、二月に兵庫県警が風紀委員長・吉野和利を競売入札妨害容疑などで指名手配、三月に中保喜代春が恐喝容疑で指名手配される。

また、三月の定例会で「中野会の復帰は絶対にない」とする本部長通達を岸本才三総本部長が発したことを知った。

これで中野会復帰の途《みち》は完全に断たれたことになった。

そして、七月には滞在先の韓国で吉野が遺体で発見される。このときの気持ちは、言葉では言い表せない。

若い者を路頭に迷わせ、死なせてしまったことだけではなく、なんともやりきれない気持ちになっていた。

ヤクザの人生とは理不尽なものであり、とくに末路は哀れである。

自らそれを選んだのだから、甘んじて受けるしかない。

そして、平成一一（一九九九）年も、いろいろなことが起こった。

なにより若い者の金山義弘が撃たれて重傷を負い、中野会若頭のヤマシゲこと山下重夫が射殺されたことは堪《こた》えた。また藪田組の藪田明夫が銃撃され、本人は無事だったが、若い者が二人死傷している。七月には大阪府公安委員会が中野会を指定暴力団に指定したが、私にとってはどうでもいいことで、私の若い者やその関係者が死傷するのが本当につらかった。

平成一一（一九九九）年五月、中野会若頭補佐で金山組組長・金山義弘（四三歳）が自宅のある京都・山科の市営住宅のエレベーターホールで組員の森本栄治（三六歳）とともに二人組の男に拳銃で撃たれて重傷を負った。

金山は銃弾三発を受け、このうち一発が右肺に着弾、森本は胸部を六発撃たれ、うち三発が貫通した。二人とも防弾チョッキを着けており、重傷ではあったが、生命《いのち》はとりとめた。

このとき、金山は撃たれながらも襲撃犯と取っ組み合いになり、相手は逃走した。また森本が六発もの弾丸をくらったのは、たまたま通行していた一般人の子どもと金山の前に立ち、身を挺したからである。

当時、金山は自宅のある市営住宅から森本に迎えに来させて一キロほど離れた私の事務所に毎朝通ってきていた。このことを知った宅見組の若い者がエレベーターホールで待ち伏せていたのだった。この件で、のちに宅見組系の組員が二名、出頭して逮捕されている。

市営住宅内での発砲は当然ながら大騒ぎとなり、五月一八日付（夕刊）の毎日新聞は住民の声も大きく紹介している。一部実名は伏せる。

18日午前8時ごろ、京都市山科区西野様子見町の山科市営住宅2棟7階のエレベーター前で、同住宅に住む暴力団中野会系金山組の金山義弘組長（43）と組員（36）が、2人組の男にけん銃で撃たれて重傷を負った。金山組長は中野太郎・中野会会長の側近とされており、京都府警は指定暴力団山口組ナンバー2だった宅見勝・宅見組組長射殺事件（1997年8月28日）の報復の可能性もあるとみて、山科署に捜査本部を設置、殺人未遂容疑で逃げた2人組の行方を追っている。

調べでは、金山組長が組員と一緒に7階の自室を出てエレベーターに乗り込もうとしたところ、近くの階段で待ち伏せしていた2人組がけん銃で十数発を発射した。

2人組は南側階段を通って下り、北方向に逃走した。1人は30歳くらいで約175センチ。黒の帽子に黒っぽい上着、黒ズボンなどを着用。別の1人は約170センチで、白色Tシャツを着ていた。

府警によると、金山組は同区西野大鳥井町に事務所を持ち、京都府内では唯一の中野会系組織。宅見組長射殺事件では、中野会系の元組員らが殺人容疑で逮捕、起訴されている。

現場はJR山科駅南東約1キロの住宅街。山科市営住宅は3棟あり、約900世帯が入居している。事件当時、集団登校のため小学生が市営住宅1階エレベーターホール隣のロビーに集まっており、突然の発砲事件に登校を取りやめて自宅に引き返す子供もいた。

同じ棟に住む主婦（40）は「倒れている組員を見て泣き出す子供もいた。こんなことが起きて恐ろしい」と話し、別の主婦（22）は「パンパンとすごい音がした。保育園に通う子供2人がいるが、連れて行くのが怖い」と青ざめていた。

私は入院している金山を見舞いたかったが、警察らに阻止され、電話で「辛抱せい」と声をかけることしかできなかった。

私は「喧嘩太郎」と呼ばれるように気は短いし、若い者を殴るのはしょっちゅうであったが、私なりに家族として接していたつもりである。だからこそ慕ってくれる者もいる。

そういえば、私は覚えていないのだが、金山から「正月に二日だけ休みをください」と言われたことがあった。

「ほうか。ほなら、もう明日から来《こ》んでええぞ」

私は、もちろん覚えていないが、こう答えたのだそうだ。

しかたなく金山は休みを取るのをやめたのだが、だいぶあとになって金山は笑いながら、

「あんときは往生しましたわ」と言っていた。

若い者たちに家族サービスもさせなかったのは、今思えば申し訳ないが、当時はそんなものは必要ないと思っていたのである。

なお、この金山襲撃事件では、金山たちの生命力と強運とともに、着けていた防弾チョッキの性能がヤクザの間で大評判になったという。だいぶあとになって、別の組織の若い者から「金山さん、本当によかったですね。じつは、同じチョッキを十着買いましたよ。みんな買っていますよ」と言われたこともある。

今では防弾チョッキも軽くて高性能のものが出回っているが、あのころは重く暑苦しい代物であった。日常的に着けるのはしんどいことだったと思う。

ちなみに金山が着用していたのはＳ＆Ｗ《スミスウエッソン》の別注のポリス仕様だった。散歩のときには鉛入りの重い防弾チョッキを着けさせていた。

事態は深刻だったのである。

中野会はたび重なる報復攻撃を山口組から受けたが、一度たりとも山口組へ報復することはなかった。会長の私が五代目山口組への報復攻撃を厳禁していたのである。

若頭ヤマシゲの射殺

金山の襲撃事件には衝撃を受けたが、私にとってさらにつらい出来事が起こった。

金山銃撃から四ヵ月後、平成一一（一九九九）年九月一日に中野会若頭の山下重夫が事務所代わりに使っていた麻雀店で射殺されたのである。山下は常にそれなりに攻撃には備えていたものの、店内は関係者だけで、防弾チョッキを着けていなかった。油断していたところを踏み込まれたのだ。

宅見射殺事件からおよそ一ヵ月半後の平成九（一九九七）年一〇月一三日には、自宅玄関前に模擬の手榴弾が置かれていたこともあり、外出の際にはボディガードとともに防弾チョッキを着けていたことは、私も聞いていた。

実行犯は宅見組の若い者で、後に出頭して逮捕されている。

私は若い者に優劣はつけないが、山下は最古参の中野会の組員であり、ずっと仕えてくれていた者である。このときばかりは私も涙が出た。

また、山下には、代紋違いの兄弟分も多く、四代目会津小鉄系の二代目寺村組で舎弟頭を務めていた道原利光や現六代目山口組幹部などと親交があった。道原は平成二九（二〇一七）年に七代目会津小鉄会会長代行に就任している。


それでも、いつもどおり若い者たちに報復はしないように指示した。

金山の事件と同様に、街なかで起こった凶行に街は騒然となった。九月二日付の産経新聞は、次のように伝える。一部実名は伏せる。

一日午後八時ごろ、大阪市生野区桃谷四のマージャン店「ロンクラブ」で、店内に入ってきた男が、同店奥のソファに座っていた指定暴力団「中野会」若頭・山重組組長（五一）と組員（三八）に向けて短銃五、六発を発射した。

組長は下腹部などを撃たれ、約一時間半後に死亡。組員も腹部に重傷を負った。男は近くに待機していた三人の男と逃走。大阪府警捜査四課は殺人、殺人未遂事件として生野署に捜査本部を設置して四人の行方を追っている。

調べによると、発砲した男は四十歳ぐらいで身長約一七〇センチ。他の三人も含め暴力団組員風だったという。短銃は店内に残っていた弾丸から38口径の回転式とみられる。

店には約一カ月前から組長や組員らが毎日のように出入りしており、事件当時、店内には組長ら組関係者ばかり数人がいたという。

組長は中野会の最高幹部の一人で、ここ半年ほどは外出の際、ボディーガードとして組員数人を伴っていたという。

捜査本部は平成九年八月の山口組若頭、宅見勝・宅見組組長射殺事件にからむ中野会への報復の可能性もあるとみて調べている。

現場はJR大阪環状線桃谷駅の東約八百メートル。住宅や商店が並んだ静かな街は、一時騒然となった。

マージャン店の近くに住む男性は「五発ぐらいの銃声が聞こえたので驚いた。店内で男が倒れており、組員が『組長、組長』と叫んでいた」と興奮気味に話した。また、近所の女性は「狙われていた様子だったので、何か起こると恐れていたが、こんな身近で発砲事件があるなんて…」と表情をこわばらせた。

また、九月三日付の産経新聞では山下がそれなりに攻撃に備えていたことも報じている。

大阪市生野区のマージャン店で指定暴力団中野会の最高幹部・山重組組長（五一）が射殺された事件で、組長は襲撃を察知し、一時護身用の短銃を携帯するなど警戒していたことが二日、分かった。マージャン店では組員の警戒が手薄となっていたことも判明。大阪府警捜査四課の生野署捜査本部は、山口組最高幹部の宅見勝・宅見組組長の射殺事件に絡み、綿密に計画された報復との見方を強めている。

調べや関係者の話によると、組長はこの一年間ほど、外出する際にはボディーガード役の組員

五、六人に防弾チョッキを着させ、同行させていた。自宅近くの銭湯や理髪店、喫茶店を利用するときには、ボディーガードを周辺に立たせるなど警戒していた。

親しい知人によると、組長は護身用の短銃を見せながら「自分は狙われている。かかってくるなら来い」と漏らしており、襲撃に備えていたという。

組長は宅見組長の三回忌（先月二十八日）が近づいたこの一カ月間は以前のように頻繁に外出しなくなった。ボディーガード役の組員とほぼ毎日、マージャン店で過ごしていたが、ボディーガード役の組員が店外で警戒にあたることはなかったという。

副会長・弘田は沖縄で

私の若い者たちが射殺されていくなか、残された者たちの怒りもまた当然であった。

「親分、やられたら、やり返さないで、何がヤクザでっか！」

こう言ってくる者もいた。

「まあ……。もう少し、辛抱しとけ」

「そうかて……」

身内を殺されて、私が嬉しいわけはない。山下が殺されたときは、私は文字どおり怒り狂った。

だが、カエシは厳禁とした。

逆境にはあったが、山口組の当代は渡邉だ。親分に矢を向けることはできない。

そして、その後も宅見組からの襲撃は続いた。

狙う者は、狙われる者より強い。

山下はちょっとしたスキをつかれてやられてしまった。山下を失ったことはショックだったが、追い打ちをかけるように、約二年八ヵ月後には副会長の弘田が滞在先の沖縄で射殺されてしまった。

平成一四（二〇〇二）年四月二〇日のことである。

じつは、ある筋から情報が入り、沖縄は危ないということだった。だから私は、弘田に、「沖縄へは行くな」と釘をさしていたのである。にもかかわらず弘田は沖縄に行き、そして撃たれた。

このときも怒りが収まらず、あまりの怒りに当時のことはまったく思い出せない。若い者によれば「ヘリコプターでも何でも出して、沖縄まで飛んだらんかい！」などと、二日ほどわめき散らしていたらしい。

だが、やはり、カエシはしないように指示は出した。

国道でのカーチェイスは、沖縄のヤクザや在日米兵らの〝蛮行〟に慣れていたはずの那覇市民も驚くすさまじいものだった。四月二一日付の毎日新聞は次のように報じる。

20日午後2時20分ごろ、那覇市の国道331号山下交差点で、オートバイに乗った男が、信号停車中の普通乗用車に拳銃3、4発を撃ち込んだ。車はジグザグ運転で車数台に接触しながら国道58号を北に約1キロ逃げ、同市東町の路地を曲がって病院前で止まった。追い付いた男は助手席の指定暴力団中野会副会長、弘田憲二・弘田組組長（54）に向けて1発発砲した。

弘田組長は胸や腹に計3発の銃弾を受け、病院に運ばれたが約1時間後に死亡した。運転していた30歳代の女性は無事だった。沖縄県警は背後に暴力団抗争の可能性があるとみて、殺人容疑で男の行方を追っている。

調べでは、**弘田組長は最初の発砲でけがを負い、女性は逃げながら病院に向かったらしい。オー**

トバイは北九州ナンバーで、男は白いヘルメットと黒いシャツ姿。乗用車の車内からは銃弾2発が見つかり、そばの路上に回転式の拳銃が捨てられていた。

沖縄県警によると、中野会は大阪市に拠点を置き、弘田組も同市内を中心に活動している。弘田組長は大阪と沖縄を頻繁に行き来し、沖縄では同乗の女性と宜野湾市で暮らしていた。関係者によると、弘田組長は沖縄県内のゴルフ場開発などをめぐってトラブルを抱えていたという。

同乗の女性にケガがなかったのは、不幸中の幸いであった。同じ二一日付の琉球新報は、事件の生々しさを伝える。


土曜日の昼下がりに響き渡る銃声。助けを求める女性の悲鳴。車の助手席にはぐったりした指定暴力団中野会の弘田憲二副会長（五四）――。「こんな身近で発砲事件が」「こんな真っ昼間に怖い」。那覇市内で二十日起きた暴力団幹部射殺事件。周辺住民は恐怖を隠せなかった。

犯人は、弘田副会長が乗った乗用車にオートバイで近づき、白昼堂々短銃を発砲、他の車に接触しながらも国道を蛇行運転し、必死で逃げる乗用車を執拗に追いかけ再び銃を発射し逃走した。

第一の発砲現場は交通量の多い那覇市の国道３３１号の軍桟橋バス停近く。現場には銃弾を受けて割れた車のガラスが散乱、助手席側からはがれた板金が残された。

トラックを運転中、襲撃を受けた車に衝突された運送業の男性（二九）は「衝突の軽い衝撃があったと思ったら、すぐに右側からすり抜けていった。最初は当て逃げと思った」。その直前、銃声のような音が三回ほど聞こえたという。

その後、国道58号で、その車にぶつけられたタクシーの運転手は「女性が運転する車が衝突した後、逃げていった。車を降りて『止まりなさい』と言いに行くと、運転席の女性はかなり動揺した様子で、助手席の男性が左胸から血を流してぐったりしていた。白いワイシャツが赤く染まっていた」と事件当時の様子を語った。

第二の発砲現場は東町の西武門病院横の路地。現場の目の前にある薬屋の女性従業員は「奥で仕事をしていたので見ていないが、女性の『助けて』と叫ぶ声が聞こえて、すぐにパーンという銃声がした。外を見ると小さな短銃が落ちていた」という。小料理屋の店長は「発砲の音を聞いた。こんな事件が、身近で起こるのかとびっくりしている」と驚いていた。

近くに住む女性（七一）は「この道は店に行くのによく通る。こんな真っ昼間に怖い」と不安な表情。すし屋の店主（五〇）は「怖い世の中だ。発砲事件なんて映画みたいなことがここで起こるなんて。警察にもっと警備してほしい」と話していた。

弘田は、吉野や山下、金山らと中野会を引っ張ってくれていた。

繰り返しになるが、高知で生まれた弘田は、のちに一和会の最高顧問となる三代目山口組舎弟の中井啓一率いる中井組で若頭を務めており、当時から侠《おとこ》として知られていた。右翼団体の日本憲政党を率いていたことでも知られる。

山一抗争を経て昭和六三（一九八八）年に中井が引退、中井組が解散すると、弘田組はしばらく一本独鈷であったが、平成四（一九九二）年に私の盃を受けている。

弘田の死後、二代目弘田組を襲名した森田健一は、その後も中野会にとどまってくれた。中野会の解散に伴って森田は引退、弘田組も解散となった。

私はただひたすら、募る悲憤を押し殺していた――。

第三章

私のヤクザ人生

パトカーを炎上させる少年

私は昭和一一（一九三六）年一〇月、大分県日田《ひた》市で生まれた。祖父は新潟出身で関東軍の将校だったという。父もまた軍にかかわる警察関係の仕事をしており、私は生まれてすぐに両親と上海に渡った。

上海には、幕末から昭和二〇（一九四五）年まで外国人居留地である「租界」があり、領事館や銀行、商業施設などが置かれて発展していた。日本と英米との「共同租界」には日本人も多く居住していた。学校の送り迎えはジープで警護がついていた。

だが、戦争が終わると租界もなくなり、私たち家族は帰国する。当時のことは、ほとんど覚えていない。

厳しく育てられた反動のせいか、ガキのころからヤンチャではあった。

日田に戻って中学に入るころには、すでに日本刀を持ち歩いて何人にも斬りつけたり、また夜中にいきなり裸で走り回ったりと、問題児そのものであったらしい。親は手を焼いていたし、学校では怖がってだれも近づかなかった。

一度、パトカーを二台炎上させたことがある。父は怒り狂って私に「腹を切れ！　俺が介《かい》錯《しゃく》してやる」と迫ったそうだが、母が泣いてかばってくれたそうだ。親不孝にもほどがある。「懲役太郎」と呼ばれた私だが、最初に刑務所送りになったのはまだ少年のころ、殺人罪だった。

昭和一一（一九三六）年は、世界的に不況が続き、太平洋戦争前夜の重苦しい雰囲気に包まれていた。

当時の上海はフランスが支配する「フランス租界」、日英米が共同で支配する「共同租界」、中華民国による「上海特別市」の三つの行政上の区域に分かれていた。治安の維持と自国民の保護のため、日本と米英仏の各国は自国軍を上海にも派遣している。

この年の二月には昭和天皇による昭和維新をめざす青年将校らによる二・二六事件が起こり、八月には中国・四川省成都では新聞記者など日本人四人が殺傷される成都事件が起こるなど、翌一二年に勃発する日中戦争を前に、不穏な空気が広がっていく。

また、日本国内では五月に仲居の阿部定が性交中に情夫を殺害して局部を切断する事件も発生している。阿部定の事件は、その猟奇性が注目され、小説や映画のモチーフにもなった。

のちに三代目山口組となる田岡一雄が二代目山口組・山口登の傘下の組で三ン下（ヤクザの最下級）修業を始めた年でもある。

私は、中学にもほとんど通わず、地元である日田のほか、福岡の博多や田川で不良として顔を売っていたが、昭和三〇（一九五五）年前後に地元の仲間たちと「九州中野会」を作り、ますます暴れるようになった。これは山口組とは関係はなく、ほとんどギャング団のようなものだった。

当時は今と違って組織を立ち上げるにしても「名乗った者勝ち」のようなおおらかなところがあったが、いずれにしろ資金源は私がカツアゲ（恐喝）で得たカネであり、事務所の維持費すべてをカツアゲでまかなっていたように思う。

私は、愚連隊のような「自分よりも悪い者たち」からカネを取るのが専門で、善人から巻き上げるようなことは昔からしていない。

渡邉芳則との出会い

昭和三十年代に入ると、戦後の復興がめざましく、高度成長期とともに関西では三代目山口組も急成長していた。昭和三二（一九五七）年には、後に若頭となるヤマケンこと山本健一が田岡三代目の直盃を受けた。翌三三（一九五八）年には東京でテキヤをしていた後の五代目も神戸に移住している。

そして、私がヤクザとしてゲソをつけた（ヤクザの世界に足を踏み入れた）のは、大阪の名和忠雄率いる名和組であった。もとはといえば、「マテンの黒シャツ」の異名をとった同郷の柳川次郎が率いる柳川組を頼って関西に移ったのだが、ひとまず名和組に籍を置くことになった。大阪ミナミの宗右衛門町を拠点としていた富士会（のちの一心会）にも一時的に世話になっていた。昭和三五（一九六〇）年八月九日に起こった山口組と大阪ミナミの愚連隊・明友会との衝突のころである。柳川組、富士会ともに、この明友会事件では山口組側の先頭に立ち、とくに西日本方面からの助《すけ》っ人《と》を募っていた。柳川組は、のちに「殺しの軍団」との異名をもつほどの恐れられようで、私に相応《ふさわ》しい組と思えたのだ。

大阪の独立系のヤクザ・名和忠雄について、正延哲士は『伝説のやくざ ボンノ』（幻冬舎）で次のように述べている。

名和は昭和二十年代の終わり頃から三十年代にかけて大阪の澄田組に属し、その後は名和組を名乗って仁俠の社会で活躍していた時期もあった（略）。

大柄で豪快な風貌に親しみがある名和は、何度か修羅場をくぐり抜けて培われた度胸のよさもあり、ヤクザ渡世からは引退しても昔培った人脈との交流は続けていた。そのころ、疎遠だった山口組と広島ヤクザとの関係を修復するため陰で苦労したり、その一方では「波谷《はだに》事件」が冤罪であることを訴える記事を週刊誌に連載するなど、外から見ると不思議な存在であった。

「波谷事件」とは、昭和五十二（一九七七）年四月に福井県内で発生した抗争による組長射殺事件で、波谷守之が配下の者に殺害を指示したとして殺人教唆などの罪に問われていた事件である。波谷は三代目山口組傘下の菅谷政雄率いる菅谷組の舎弟で、松方弘樹が主人公を演じた映画『最後の博徒』（昭和六〇年、東映）のモデルとしても知られる。

懲役二十年の原判決を破棄して無罪を言い渡した名古屋高裁金沢支部の裁判長が「長い間ご迷惑をかけました」と言って頭を下げたことが異例中の異例として、当時は大きく報道されている。

名和自身にも『仁侠道に生きる―ヤクザを選ぶか！　ギャングを選ぶか！』および『暴力団対策法を斬る』（前者は「新雑誌21」、後者は「新雑誌エックス」より、いずれも一九九三年発売）の著書があり、「発信するヤクザ」として存在感があったようだ。

明友会事件の直接のきっかけは、当時の人気歌手・田端義夫と田岡三代目が飲んでいたミナミのサパークラブ「青い城」で三代目の顔を知らずに絡んできた明友会の会員とケンカになったことだが、その前から明友会と大阪進出を狙う山口組とのにらみ合いは続いており、一触即発の状態にあった。

三代目はケンカになった夜のうちに明友会への攻撃を地道行雄若頭に命じた。明友会・姜昌興会長は翌一〇日に西宮市の諏訪組・諏訪建次組長に山口組との仲介を依頼したが、すでに遅かったのである。この件で明友会は徹底した攻撃を受けることになる。

この事件は二週間ほどで決着し、山口組はさらに各地に進撃をはじめた。全国制覇を掲げたのである。

その翌年の昭和三六（一九六一）年に山本健一が山健組を旗揚げし、私も盃を受けてその一員となった。名和組は弱体化しており、私は嫌気がさして富士組の連中とつるんでいたが、山健組が立ち上がるということで参加した。名和組では、名和忠雄のシノギ先に日本刀で斬りつけ回ってカネを回収してばかりいた。後日談だが、私が中野会で名前を売り出したころ、名和が「なかの～」と私を頼ってきた。しかたがないから面倒を見ていた。

この初代山健組時代の私は、とにかくケンカばかりしており、傷害罪などの微罪での懲役が多かった。一度、懲役帰りのとき、ヤマケンから「お前、名前変えろ。喧嘩太郎とか、評判悪い。中野豊三《とよぞう》にせい」と怒られ、名前まで変えられた。だから、若い者を迎える余裕などなく、中野会の組織化もほとんど考えてはいなかった。ただ、中原紀元、安部重徳、山下重夫、三島敬一、本多正則ら九州出身者とともに「九州健竜会」を名乗ってはいた。これが山健組内の健竜会の前身である。

健竜会設立の軍資金は、富士会の韓禄春《ハンロクチュン》会長が提供してくれた。というより、なかば巻き上げた。大阪最大の歓楽街だった宗右衛門町を仕切っていた韓は羽振りがよく、渡邉芳則と二人で腹巻きに韓からもらったキャッシュを詰めて、走って帰ったことを思い出す。

意外に思われるかもしれないが、その一方で私は軍略に強い関心を持ち、黒田如水（官兵衛）や古代中国三国時代に活躍した諸葛孔明のような軍師に憧れていた。そういう私の一面をヤマケンが見抜いてくれたのか、山健組では渉外委員長を任された。

渡邉芳則も同じ年に山本健一の盃を受け、昭和四五（一九七〇）年には「健竜会」を設立して初代となった。あわせて山健組の若頭としても頭角を現すことになる。山健組の若頭はムラマサこと村田正一・元村正会会長だったが、私が「おい、おまえ降りい！」と言って渡邉にした。私は「健竜」の名の使用を認め、自らは健竜会の初代相談役に就任した。中野会も存在したが、組員は数人で、私の本籍は健竜会にあった。

したがって当時の私の肩書は、「山健組渉外委員長・健竜会相談役・中野会会長」であった。

初代健竜会は、副会長に桑田兼吉と太田守正、相談役に三島敬一、若中に山本國春、前木場信義、井上邦雄、山内昭人のほか、のちの二代目松田組との大阪戦争で功績を挙げる西住孔希ら、山健組の礎《いしずえ》を築いた人材が揃っていた。井上邦雄（のちの神戸山口組組長）は、この少し前から仲間に入ってきた。同じ大分出身だったこともあり、井上の母親が教師で、私のところに「息子をよろしくお願いします」と頼みにきた。井上も手のつけられない不良だったので、私に預けられたのだろう。

なお、昭和五七（一九八二）年に山本健一が死去、二代目山健組を渡邉が襲名すると、私は舎弟頭補佐に就いた。

私自身は表に出るのが苦手な性質だったが、渡邉は人当たりも良く、お互いに役割を補完し合うような間柄だったように思う。

渡邉と私のヤクザ人生は、ほぼ歩《ほ》を一《いっ》にしていた。

昭和三十年代は、明友会事件に続き、昭和三七（一九六二）年には博多事件、翌三八年には第二次広島抗争が勃発するなど抗争も相次いだ。

博多事件は、三代目山口組石井組の組員・夜桜銀次の射殺をめぐり、福岡市内の宮本組の犯行と誤認した三代目山口組が二百五十人もの組員を福岡市に派遣した事件で、「一人の組員の射殺の報復に、山口組は二百五十人もの組員を出す」ということを世に知らしめた。

第二次広島抗争は、昭和二五（一九五〇）年ごろから昭和四七（一九七二）年まで、じつに二十年以上も続いた「広島抗争」のうち「広島代理戦争」とも呼ばれる抗争で、映画『仁義なき戦い』のモデルになっている。

三代目の死と山口組の変貌

山口組が全国に勢力を伸ばした昭和三十年代に対して、昭和四十年代は試練の時代であった。警察による暴力団トップの狙い撃ちである「頂上作戦」がはじまり、取り締まりが厳しくなったのである。とはいえ、中野会会長とはいってもはぐれ者のように気ままに生きていた私は、相変わらず「懲役太郎」であった。

このころ、故郷の九州で、それも博多の中洲のど真ん中で事務所を構えたこともある。夜桜銀次事件のあと、博多で山口組の拠点となってイケイケだったのが伊豆組だった。その伊豆組の事務所の下のフロアで、「九州健竜会」の事務所を開いた。わずか数人で、一年くらいで閉めてしまったが。

昭和四〇（一九六五）年五月には田岡三代目が心筋梗塞で倒れ、その後も長い療養生活を送ることになるのだが、これは組にとって大打撃であった。

警察による弾圧で脱退する三代目の舎弟はあとを絶たず、昭和四二（一九六七）年には若頭だった地道行雄は自らの引退を表明し、山口組解散を主張する。このことでヤマケンや竹中正久が地道暗殺計画まで立てる事態となってしまった。さらに昭和四四（一九六九）年には、全国進撃の先兵だった柳川組が解散している。

このころの山口組は、田岡三代目が倒れたことと、警察の取り締まりが厳しくなったことで、かつてない試練を迎えていたのである。

地道の引退により、昭和四六（一九七一）年には山本健一が山口組若頭に就任するが、警察当局との戦いは続いた。

昭和三四（一九五九）年、東京オリンピックの開催が昭和三九（一九六四）年に決まると、昭和三六（一九六一）年に池田勇人首相が「暴力犯罪防止対策要綱」を閣議決定、取り締まりに乗り出したが、三十年代はまだ大きな抗争が何度も起こっている。四十年代の取り締まり強化にはこうした背景がある。

昭和四十年代以降の警察の取り締まりは厳しさを増していき、昭和五六（一九八一）年七月に田岡三代目が死去したあとも「弾圧」は続いた。

今思えば、警察に目の敵にされるほどの力を山口組が持っていたということであるが、三代目を失った時点で、すでに山口組は終わっていたのかもしれない。

三代目は、戦後の混乱期に不良外国人や愚連隊から神戸を守り、消防署の一日署長まで務めた功績があったのに、それらもすべて「暴力団」として否定されたのである。

そして、昭和五九（一九八四）年の竹中正久の四代目襲名をめぐっては、組を二分する「山一抗争」が起こり、さらに不動産バブル景気によりカネに狂うヤクザばかりになっていく。

すなわち、任俠道ならぬ金狂道である。

私自身は山一戦争は上層部同士のケンカと受け止めていた。だから中野会が積極的に一和会を攻撃することはなかった。もちろん火の粉が振りかかれば払う。しかし、他組織から挑戦されたわけでもないのだから、ヤクザとしての筋が違うと感じたのだ。これは後年の竹中武への山口組の攻撃のときにも感じたことである。

ただ、渡邉を五代目にするためにはヤクザとしての実績が必要だった。格というのか、貫禄では竹中武に渡邉はどうしても劣る。竹中組を上回る功績をもって山健組が五代目をとる。そのために私は参謀に徹して渡邉を支えた。

竹中正久四代目は私に目をかけてくれた。弟の武と同様に、ホンマの「筋モン」のヤクザだった。そんな四代目を私は好きだったし、むしろヤマケンよりもヤクザらしいと思っていた。

とにかく負けず嫌いで、四代目が（神戸）花隈《はなくま》の山健事務所に来て麻雀をしたときなど、勝つまでやめないのでみんな参った。それで負けが込んで帰り際に、真っ赤な顔をして「おい中野！　こんなとこ二度と来るか！」って（ヤマケンに）言うとけ」と怒鳴られたりする。そんな姿も私には好ましかった。ちなみにヤマケンも麻雀は勝つまでやめなかった。私は花札のほうが好きだったが。

一和会との分裂当初、こんなことがあった。もともと柳川次郎の舎弟で、一和会に参加した佐々木道雄の舎弟でもあった黒澤明が、北新地で一緒に飲んでいると「中野、俺にも兵隊回してくれへんか？」と持ちかけてきた。切り崩しだろう。私は「なんでそんなことせなあかんねん」と一蹴し、四代目に報告した。四代目はまた顔を真っ赤にして「こらあ黒澤！」と怒鳴りつけ、黒澤は山口組にも一和会にも付かずに引退した。

私は四代目から大阪のロイヤルホテルに呼ばれて、「おい中野、一和会潰すぞ、協力せい」と命じられ、一和会に流れそうな勢力をリストアップして、カマシを入れたりしていた。この黒澤の件もその一例である。一和会の本部に中野会の若い者を部屋住みさせたりもした。内部情報は筒抜けだった。

ヤマケンが亡くなり、山健組の二代目をどうするかとなったときには、四代目は渡邉を推す私の声に耳を傾けてくれた。もちろん他にも候補はいたのだが、四代目は渡邉の山健組組長就任に尽力してくれた。

金狂道に堕ちたヤクザたち

昭和の終わりの不動産バブルで、ヤクザはおかしくなった。

ほとんどのヤクザはこのことを認めておきながら、自分がおかしくなっていることをわかっていない。今どきのヤクザは、ケンカではなくカネで手打ちをするヤクザばかりである。

戦後の混乱の中で助け合ってきた山口組の者は、みんな貧しかった。

田岡三代目も『山口組三代目　田岡一雄自伝』で、自分を含めて貧しい生活を送っていたことを書いている。だれかにカネが入ると、一枚きりの着物を交代で着て銭湯に行き、天ぷら屋でタダでもらってきた天かすを煮てみんなで分け合って食っていたという。

私が山本健一の盃をもらった昭和三十年代は、さすがにそこまでではなかったが、山健組といえども貧乏人ばかりで、醤油の貸し借りなどもしょっちゅうだった。ヤクザでもないのに「事務所に行ったらメシが食える」と聞いてやってくる者も多かった。山口組に限らず、そんな時代であったのだ。私はそれが当たり前だと思っていたし、今もそう思っている。

「武士はカネ持たんでええ」

私の口癖である。侠《おとこ》はケンカが命である。

ヤクザの親分であれば、組のために子分を懲役に行かせることを常に考えなくてはならない。私は、「カネはないが、人の使い方は天下一品」と自負していたものだが、ヤクザの宿命とはいえ懲役はつらいことである。

ところが、バブル時代からの金狂道のせいで、「鉄砲玉になる子分」よりも「カネを運んでくる子分」のほうが大事にされるようになってしまった。

ヤクザでも「なあ、今度メシでもいこか？」と気安くあちこちに声をかける輩《やから》がいる。私に言わせれば「何すんのにメシ食わないかんねん？」というところだ。ヤクザがあちこちに顔を売ってもしかたがない。ヤクザはケンカで名を売るものなのだ。

若い者が他の組織やシノギ先に追い込みをかけるときには一人で行かせた。大勢でゾロゾロ押しかけて「おい、コラぁ！」とインネンをつけるなど、みっともないことこのうえない。ヤクザが追い込みをかけるのに「数の論理」は要らない。
だからこそ、中野会では鉄砲玉を大事にしてきたつもりである。

山一抗争終結の混乱のなか、中野会はその名を世に知らしめる事件を起こす。昭和六二（一九八七）年六月一八日付の中日新聞は、事件を次のように伝える。住所など一部を伏せている。

一七日午後六時四十分ごろ、大阪府枚方市長尾家具町二、全日本同和建設協同組合事務所に二人組の男が押し入り暴力団砂子川組系二代目斉藤組の西岡和明組長（四十九）＝同市南楠葉一＝に短銃数発を発射、乗用車で逃走した。西岡組長は頭に三発の銃弾を受け、まもなく出血多量で死んだ。枚方署は緊急配備し、同市宮之坂二で、乗用車内にいた二人組の男が短銃を持っていたため、とりあえず銃刀法違反で現行犯逮捕した。

調べでは、二人は大阪市港区港晴四、暴力団山口組系花衆会組員、野瀬辰雄（二十三）と同区磯路二、趙東天（二十三）。野瀬らは犯行を認めている。

さらに午後八時二十五分ごろ、守口市大宮通一、砂子川組系二代目岡田組事務所に二人組の男が乗用車で乗りつけ、短銃約十発を発射し、逃走した。うち七発が組員三人の頭や腹などに命中、三

人とも重傷。

枚方市内で今月一三日夜、山口組系中野会内池田組の池田一男組長（四十四）が射殺される事件が発生。この日の二件はその報復とみて調べている。

砂子川組は大阪の独立組織で、枚方の近くの守口に本部を構えていた。これは中野会の完全な勘違いであり、砂子川組には申し訳ないことをした。じつは山広組内川健組の犯行だったが、すでに山一抗争は一応の終結宣言が出され、一和会の攻撃とは思わなかったのである。明けて昭和六三（一九八八）年一月、私のボディガードが二代目山広組事務局長を射殺した。

それまで私は、この事件が起きた枚方のあたりに住んでおり、事件後、京都の八幡に住むことにした。枚方からはさほど遠くもなかったこともある。

誤爆は許されないが、ケンカよりもカネ勘定を優先するようになったら、それはもうヤクザではない。

時代は下って、私が絶縁されたのち、京都府警を通じて私に「二十億円出すから引退してくれ」と、山口組執行部の面々が言ってきたことがあった。

「カネだけもろうとけ」

私が若い者たちにそう言うと、若い者たちは驚いた。

「引退しないとあきまへんで？」

「後のことは知らん」

冗談で言ったのだが、そのすぐ後に私は倒れてしまい、闘病生活を送ることになる。

盟友二人

ただ、カネを大事にするヤクザでも、例外はあった。

「日本一カネ持ちのヤクザ」といわれ、ヤクザを引退した後も事業を成功させていた生島久《ひさ》次《じ》は、カネの使い方もあか抜けていた。私は仲がよかったが、敬服もしていた。生島は山健組組員に射殺されてしまうのだが、それについては改めて詳述する。

生島とも私とも親しかったのが、部落解放同盟大阪府連合会・飛鳥支部の小西邦彦支部長である。小西が理事長を務める財団法人「飛鳥会」のビルも銃撃もされた。これは宅見事件から二週間ほど経ち、中野会が山口組から絶縁されてからのことで、私と小西の関係を知る者による事件である。

小西も山口組金田組の元ヤクザであり、私のことは何かと気にかけてくれていた。小西と私が親交を深めたのは生島の縁である。部落解放同盟支部長となってからの小西はヤクザとの貸し借りのような関係は絶っていたが、来る者は拒まずで広く浅い付き合いがあった。大阪の政財界、芸能界にも深く通じていた。私が元気なころ、北新地あたりに繰り出せば私は小西を「社長」と呼び、小西は私を「会長」と呼んでおおいに盛り上がった。私がヤクザとして小西のトラブルを解決したということもないのに、小西はただひたすら私の面倒を見てくれた。小西は私のことを「あの会長は他のヤクザとはちょっと違う」と、独特の言い回しで持ち上げてくれていた。

小西と渡邉と私で食事をしたことがある。小西はあとで「どっちがホンマの親分か、見とったらわかる」と言われた。親分はもちろん渡邉だ。私は背広も着込んで居住まいを正して控えていたのだが、小西は私を認めてくれていた。

私は懲役帰りの若い者たちが食うのに困ることがないよう、福祉の仕事に就けないかと考え、福祉事業をしていた小西に相談し、渡邉に会ってもらったのだ。五代目はカネはいっぱい持っていたので、ビルでも買って、そこで若い者に福祉の仕事をさせてはどうかと私が提案していた。

この小西は平成一八（二〇〇六）年五月、業務上横領容疑で逮捕され、翌一九（二〇〇七）年の一一月に病死してしまった。残念なことである。

小西が逮捕されると、堰《せき》を切ったように小西の〝行状〟が報道されていくようになる。たとえば逮捕された五月八日付（夕刊）の朝日新聞は次のように書く。

社会福祉法人の代表、暴力団とのつながり、大手銀行との深い関係――。大阪府警が業務上横領容疑で逮捕した財団法人飛鳥会理事長の小西邦彦容疑者（72）は、不透明な同和行政の象徴的な存在として知られてきた。小西容疑者は逮捕前、「（駐車場の契約は）役所の方から言ってきた」などと語っていた。長年にわたって「利権」が温存されてきた背景に何があったのか。（略）

小西容疑者は大阪府高槻市の出身で、各地で部落差別に反対する運動が活発化した1960年代に大阪市東淀川区に移り住んだ。

以来、部落解放同盟大阪府連飛鳥支部が68年に創立された当時から40年近くにわたり、支部長を務めてきた。

財団法人飛鳥会、社会福祉法人ともしび福祉会を相次いで設立し、地元では住宅環境の改善など福祉に尽力したと評価する声も強い。

一方で、大阪府警によると、70年代後半まで、日本最大の指定暴力団山口組傘下の暴力団幹部だった経歴を持つ。96年8月に大阪市北区の大阪駅前第3ビル前の路上で射殺された、山口系生島組の生島久次元組長との親交が深いことで知られる。

また、三菱東京UFJ銀行とも融資などを通じて深い関係があるほか、大阪市発注の公共事業での「地元対策のまとめ役」として、土木・建設業界への影響力を指摘する関係者もいる。

大阪府警は、同和行政や民間企業へ影響力を持つ「山口組の周辺者」としてマークし、飛鳥会周辺の内偵捜査をしてきた。

捜査を続けてきた府警幹部は「同和団体の看板を最大限に悪用し、利益をむさぼる。いまだに差別に苦しむ人々へ流れるべき公的な金が横領されている」と指摘する。

「人斬り太郎」の一分

「宅見事件までは、ブランドだった」

中野会のことをそう評する人がいたと聞く。

ヤクザで何がブランドか。ちゃんちゃらおかしいのだが、若いころの私はヤクザも嫌がるヤクザだったので、それはヤクザらしいブランドと言えるかもしれない。

私は、とにかく強いヤクザを目指していた。戦闘部隊も作る用意があった。

平成九（一九九七）年九月三日、私の絶縁処分が決まると、中野会の者たちはいったん執行部の預かりとされることとなった。だが、その後は何も決まらない状態が続いた。

「宅見の事件は、ウチではないが、こうなった以上はしかたない。明日からは本当に厳しいぞ。お前たちは本家に戻ってもええし、好きなところ行ってええからな」

私は、若い者たちにこう言った。


私自身は、いろいろなことが納得できず、引退しなかった。もちろん組も解散しなかった。

一方で、渡邉芳則五代目を今さら批判するようなことをせず、「俺は五代目の親衛隊長や」と言い続けた。

そして、平成一一（一九九九）年五月。

大阪府警が中野会に対して暴対法の指定団体とする準備を始めていることが明らかになった。射殺事件以降の抗争を未然に防ぐためだという。

当時も私の自宅は京都の八幡市内にあったが、組の連絡拠点は大阪市内で、組員も大阪に住んでいる者が多く、大阪府公安委員会が指定することになったようだった。

私はもともと自分の組に組員がどれだけいるのか正確にはわからなかったし、わかろうとも思っていなかったが、当時の報道によれば九府県・十数団体で、組員は約二百人だった。その程度だったかもしれないが、散っていた組員たちも徐々に戻ってきたころであった。

「親分、中野会の代紋、新しく作りまひょか？」

若い者がそんな冗談を言って笑っていた。

なお、「ピーク時」の中野会について、報道では「全国に四十八団体、約千人」としていた。もう少し大きかったと思うのだが、そんなものかとも思う。

要するに、私は人数には当時も今もあまりこだわりはないのである。

「絶縁された系列団体の暴力団指定は初」とも騒がれたが、そんな「初物」も迷惑なだけである。

翌六月には指定に際して上申書を出すように言われたので、「指定することに異議はない」「意見聴取には出席せず、代理人も立てない」と書いて署名して出したところ、これがまた大ニュースになった。「同意は極めて異例」なのだという。

若い者たちも「そんなことまでニュースになるなんて、よっぽどネタがないんですなあ」と笑っていたが、山口組は平成四（一九九二）年の暴対法施行の際には「憲法違反」だと訴訟まで起こしているので、警察や公安委員会は、今回も私がゴネるのではないかと身構えていたのかもしれない。

「ええ人」では務まらない

私の口癖といえば「あんちくしょう、やりやがったな！」「あの野郎、いてもうたれ！」「くそガキ、殺したれ！」などだったそうだ。

私の若い者たちは、「ようあんなおそろしい組（中野会のこと）に行くのう」と周囲のヤクザから言われていたという。

私は、これを褒め言葉だと思っている。ヤクザは「恐ろしいやっちゃ」「悪いやっちゃ」と言われてナンボである。間違っても「ええ人」などと言われてはならない。

とはいえ私の行動はいささか度を越していたとは思う。桑田（兼吉）や極心連合会の橋本弘文などは健竜会のころから私のことを「兄貴」や「太郎さん」と呼んでおり、『兄弟』でええのに」と言ったものの、間違っても私に「兄弟」と軽々しく話しかけることはなかった。

私は短気ですぐにキレるし、カネもなかったので、ヤクネタ（厄介な存在）もいいところである。

本家で私が立っていると、五代目が寄ってきて「なかの、なかの」と囁《ささや》く。組長なんやから呼びつけて「おい、中野」でええやないか、と思うし、そばで見ている私の若い者も見てはいけないものを見てしまったような顔をしてバツが悪い。しかし、それだけ私が機嫌悪そうにしていたのだろう。不徳の致すところだ。

イトマン事件の黒幕といわれた許永中と昵懇《じっこん》で、長い懲役の後に五代目体制で若頭補佐になった古川雅章《まさあき》は私より一つ年長だったので、ふだんは「古川の兄貴」と立てていたが、私の悪い癖で、ちょっと虫の居所が悪くなると「こらあま〳〵公！」とからんだりした。

あるとき幹部会で私の若い者に古川の腹をどつかしたことがある。古川が大石（誉夫《たかお》・五代目山口組舎弟頭補佐）に「おい、最近ワシの悪口ばっかり言うとるヤツおるらしいな」と怒鳴りつけてるのを、私に向かってカマシているのかと勘違いしたのが発端だった。私もつい頭に血が上ってしまい、「殺してまうど、コラぁ！」と古川にカマシを入れてしまった。とはいえ、私も一応、若い者がどつく前に「顔はやめとけ、腹や腹」と釘はさしておいた。後で聞いたが、許永中がサージ（生島久次）に連絡してきて「古川が中野にヤマ返した（仕返しした）らしいな」と言ったとか。古川もあまりに悔しかったのか、真逆に伝えたようだ。

私が山健組本部に上がったとき、若い者に「あかん、ライターを本家に忘れた。取って来てくれるか?」と言ったら、すぐに行ってくれたことがあった。カルティエのシャレたライターである。

じつはポケットに入れたまま忘れていただけだったので、本家には当然ない。山健組事務局長の松下正男も真っ青になって駆けつけてきた。ほどなく、若い者は同じ物を買ってきてくれた。

「親分、ライターです」

「お、ポケット入ってたわ」

漫画のような話であるが、「怒鳴られるより、買ったほうが早いんですわ」と、だいぶ後になって、若い者が笑いながら教えてくれた。みんなが気を遣ってくれていたのである。その一方で、幹部たちからは相当恨まれていたことだろう。

「ワシのために死んでみろ」

だが、私のほうは勝手に、若い者とは円満にやっているつもりであった。

「昔の親分は、トゲというか、剣山をさわるようなもんでしたわ」と笑いながら、絶縁後もずっと残ってくれている者たちもいる。

私の「武勇伝」はいくらでもあるのだが、いろいろなところで語られているのは、「ワシのために死ね」と言った事件であろうか。

「会長、ワシは会長のためなら死ねまっせ」

夕食の帰途、ある兄弟分が媚《こ》びるように私に言ってきたことがあった。

こういう口先だけの「忠誠心」が大嫌いな私は、酔いもあって、とたんに機嫌が悪くなった。もともと私の酒癖はハンパなく悪い。「ヤクザ酒癖の悪さ三傑」にも私の名が入っていると聞いて、納得するような、恥じ入るような思いだ。

「ほうか。ほなら、そこの疏水《そすい》に飛び込めや」

「ええっ」

「ちょっ……親分、堪忍しとくんなはれ。叔父貴が死にまっせ？」

運転していた中野会若頭補佐だった金山義弘が、慌てて間に入った。

「じゃかしい、あほんだら！　ヨシヒロは運転しとけ！」

「あいてて……」

私は、いつも持ち歩いているスチールの水筒で運転席の金山の頭を後ろからボコボコに叩いたらしい。飛び込めと言われた兄弟分も意地があるので、退《ひ》くに退けない。

「飛び込みます」

「はよ飛び込まんかい、コラッ！　ヨシヒロ、車を停めろや」

「親分、危ないッスよ……」

「じゃかあしい！　ヨシヒロ、停めんか、コラッ！」

「わ、わかりました……」

私の「水筒攻撃」に耐えかねて金山が車を停めると、兄弟分は本当に橋から真冬の疏水に飛び込んでしまった。よほど私が怖かったのか……。

「あーっ！　親分、叔父貴がホンマに飛び込んでまっせ！」

「当たり前や。こいつはワシのために死ぬ言うんやから、死なせといたらええんや」

「いや親分、さすがにそれはまずいですわ」

そのとき同行していた他の組の三人が慌てて疏水に飛び込み、ずぶ濡れになって兄弟分を引っ張って上がってきたのである。金山は竹竿を持ちだして彼らを助けた。冬の疏水は、かなり寒かったと思う。


翌朝、私はこんなことはすっかり忘れていた。

金山から聞かされて知ったのである。

「アホやなー。お前がちゃんと止めんかい！」

「はい、ちゃんと疏水に入って引っ張り上げました。あそこで死なれたらかないませんわ」

「ほんまやのう……。しかし、飛び込む前にお前がなんとかせなあかんやろ」

「…………」

いつもこんな調子であった。

このとき疏水に飛びこんだ他の組の三人には、当時流行っていたヴェルサーチのスーツをお詫び代わりにプレゼントした。金山にはナシだ。金山は呆然としていた。

親分と若頭の間で

「親分、五代目とカシラとどっちが偉いんでっか？」

ある日、私は若い者たちからこう聞かれたことがあった。カシラとはもちろん若頭の宅見勝である。

「うーん……」

私は答えに窮した。

「お前らが見ても、そう思うんか……」

「カシラは、完全に五代目を無視してますやろ？」

「そうやなあ」

「五代目はエラそうでも、泣き入れてばっかりですやんか」

「そうやなあ……」

いったい、どこで狂ってしまったのだろうか。

「あんた、だれのおかげでそこ（組長の座布団）に座っとるんや？」

前にも述べたが、いつしか宅見はそう言うようになっていた。

五代目体制にナンバー2として君臨し、自らは経済ヤクザとして暗躍どころかバブル経済の表舞台に立っていたのだが、なぜそんな感情を抱くのだろう。未《いま》だに不思議でならないのだが、少なくとも平成元（一九八九）年の五代目就任からしばらくの間は、五代目と宅見の関係はよかったと思う。

平成七（一九九五）年一月に阪神・淡路大震災が起きたときなど、五代目と宅見は一緒に支援活動をしていた。内情はともかく、二人はまだ仲よくやっているように見えたと思う。

今は暴力団排除が厳しく、災害支援はほとんどできない。当時も「売名行為」と言われながらも、私たちは真剣だった。あのころは山口組にも支援をできる余裕があった。

なかでも傘下のテキヤ組織が作る焼きそばなどの炊き出しの屋台はうまいと大評判で、長い行列ができた。

中野会の若い者たちも、たくさんの水や毛布を避難所に差し入れるなどしていた。

「人を泣かせたカネやろ？」と嫌味を言うのは警察ぐらいである。避難している人たちにとっては、そんなことは関係ない。ケンカだけではなく、地元の仲間を守ることもヤクザの務めなのだ。

こうした活動を日本のマスコミは黙殺したが、海外のマスコミは「ギャングの支援活動」として報道していた。

そして、まだあの当時は、私と宅見の関係も悪くなかった。

この震災の後くらいから、五代目は、私に宅見のことを愚痴るようになっていく。そうして宅見は五代目を追い落とすクーデターを企《たくら》み、私もその一味に加えようとカネで懐柔を図ってきた。

宅見から「カネならいくらでもある」と、自分の後の若頭就任を何度も打診されたが、補佐ですら邪魔くさいのに、「おかしなことを言うなあ」と思って聞き流していた。

私は平成二（一九九〇）年の夏に桑田兼吉とともに若頭補佐になったが、こうしたポストには興味はなかった。組織の決定に従っただけである。

宅見は、自他ともに認める「渡邉五代目の親衛隊長」である私を丸め込んでおきたかったのだ。「カネはいくらでも持ってくる」といつも言われていた。

もちろん断ったが、桑田などはすっかり懐柔されていた。

「この人」と決めたら、ワシはついていく

「五代目にしてくれたら、組長として発言しない」

渡邉五代目は、自分が組長の椅子に座る条件として、こう約束したとも伝えられるが、真偽のほどはわからない。

繰り返しになるが、宅見から五十億円をもらう約束をしていたのに、当代になったらもらえなかったという話もある。

「ワシに五十億をよこさず、外車やごつい別荘を買っている」

だれかから聞いた話を真に受け、五代目はよくボヤいていた。

「神輿に乗るのは、軽いほうがいい」

五代目のことを、そう露骨に嘲《あざけ》る者もいた。

重ねて言うが、当代を悪く言う者たちは、己の母体である山口組を悪く言っているのと同じであり、それはすなわち己を貶《おとし》めているのである。

山口組の代紋でシノギをしているくせに、当代の悪口だけは一人前に吐くのだ。

私は当代である以上、渡邉五代目には誠心誠意仕えるべきだと思い、実際にそうしてきた。

それが、ヤクザというものである。代紋で食っている以上、代紋は大切にしなければならない。最も重要であるはずなのに、それがわからないヤクザが多い。現在のヤクザの衰退は、こうしたことにも原因があるのではないか。

宅見事件のあとからだと思うが、実話雑誌などで、「中野太郎は五代目の言うことを聞かない」とか「態度が大きかった」などとよく書かれていると、若い者から聞いた。これは誤報もいいところである。

私はずっと五代目の右腕としてやってきたし、少なくとも公の席では、五代目の前で私は上着を脱がず、直立不動であった。座るときでも何時間も正座していた。五代目とは古い付き合いだが、「中野」と呼び捨てにされても、親分なのだから当たり前と思っていた。

そうはいっても、宅見との確執には、正直、かかわりたくなかった。

「中野、『イケイケ』ゆうのは口だけかいな」

五代目から毎日そう言われ、私が途方に暮れていたのは事実である。

その後の五代目の引退については、私も「複雑」としか言いようのない思いはあった。六代目への代替わりについては、当時からさまざまな臆測が流れ、真相はわからない。

ただ、二代目宅見組の入江禎《ただし》に、司六代目が「親（宅見勝）の仇を取れ」と言ったという盛力《せいりき》会・盛力健児の話は、どうか。

その席に盛力はいなかったはずである。

宅見の死後は執行部が暫定的に運営していくことになるが、盛力の言うようなことができたのかどうか。私には疑問がある。

親分は「子分のため」に

宅見射殺事件のあとは、「経済ヤクザの宅見」と「武闘派の中野」が比較されていたようだが、そんな単純な話ではないだろう。

当時の中野会は「最強の武闘派」ともいわれたが、武闘派でないヤクザなど、ヤクザではないのである。

私は、ケンカはすれども一家は家族であると思っていた。枝の若い衆が相手であっても、あいさつのときには立っていたし、小遣いをやることもあった。それぞれに家族がおり、それらも家族と考えている。

「女房の代わりはあっても、若い衆の代わりはない」

田岡三代目の言葉だが、私もそのとおりだと思う。

ヤクザという一家を構えられるのは、子分あってこそなのである。どんなに立派な親分でも、独りでは何もできないのだ。

だから、私は若い者たちに厳しくはしてもカネを巻き上げるようなことはしなかった。

「上納金」とは警察用語であり、私らが集めるのは「会費」である。これは組事務所の経費や冠婚葬祭、組員の裁判費用などに使うために集めているもので、親分が愛人と豪遊するためのカネではない。

中野会でも一応は会費を決めていたが、払えない者も多かったので、足りない分は私が払っていた。ヤクザ組織など、そんな程度でいいと思う。親分にカネを運んだ者がかわいがられたり、要職についたりするのはおかしいではないか。

ましてや誕生日会など論外である。女子高生ではあるまいし、いいトシをしたオッサンが「お誕生日プレゼント」をねだるなど、理解しがたい。このおかしな風習は五代目体制になってからだと思う。三代目はもちろん四代目もやっていなかったし、もし現金の祝いなど持って行ったら機嫌が悪くなっただろう。これは五代目の負の遺産と言われてもしかたがない。

かつて三代目田岡組長は「私はうどんの一杯ですら若い者におごってもらったことはない」と言い切っていたし、竹中四代目は襲名祝いに現金を差し出されたとき、「バカなことをするな」と突き返している。それが当然である。

私も平成八（一九九六）年に還暦の祝いだけはしたが、会費は取らずに若い者たちを招待した。神戸のポートピアホテルで千人以上が集まってくれた。中野会に最も勢いがあった時代だろう。ふだんは照れくさくて言えない感謝を若い者たちに伝える意味もあった。

ところがこの年、私の運命を大きく動かす事件が起こる。

第四章

京都理髪店銃撃事件の闇

宅見事件の約一年前の平成八（一九九六）年七月、私は、八幡市内の行きつけの理髪店で会津小鉄系の若い者たちから銃撃された。店主に窓を強化ガラスに替えさせておいたので、私は無傷であったが、会津小鉄側のヒットマン二名が私の若い者に射殺されている。

私は、あと数ヵ月で還暦を迎えるところであった。

真昼の銃撃と直後の電話

時間にすれば、数分のできごとだっただろう。

七月一〇日、正午の少し前。私は自宅から南へ二百メートルほど離れた理髪店で散髪中だった。

その店の近くに、ポロシャツにジーパン姿の男たちが二台の車で乗り付けてきた。四代目会津小鉄系四代目中島会傘下の小若会と七誠会の組員たち六人である。

彼らは車を降りるとすぐに理髪店を取り囲み、窓ガラス越しに一斉に発射した。

ビシビシビシッ!

強化ガラスに連続して弾が当たった。

私は三つある席の中央に座っていたが、私には当たらず、強化ガラスにはじかれた流れ弾が店主(当時四二歳)の袖をかすった。

「くぉらあああああ!」

店内の入り口近くにいたボディガードの高山博武(中野会若頭補佐・高山組組長)をはじめ、外の車で待機していた中野会の若い者たちが、即座に二台の車で会津小鉄の組員を左右からはさみ撃ちするように追いかけ、発砲した。

会津小鉄の組員らは逃走しながらも発砲を続け、私の子分たちも応戦したことで、理髪店前から南北の道路沿いに、数十メートルの範囲に及んでの銃撃戦となってしまった。

私は奇跡的に無事だったが、じつのところ頭に血が上ってしまい、よく覚えていない。ただ店の裏口から出ようとして、若い者から「裏は危ないです」と言われて表に回ったら、もう人だかりができていたことは覚えている。自動車も出せないので、歩いて帰宅した。

私を銃撃したのが会津小鉄の者であること、理髪店から約百メートル離れた団地の近くに停められていた中野会の車には、タイヤなどに四発の銃弾が撃ち込まれ、理髪店内には十六発以上の弾痕が残っていたことなどは、このときは知らなかった。

帰宅すると、不思議なことがあった。

「兄弟、大丈夫か?　ケガはない?」

この銃撃戦から三十分ほど。まだ騒然としていたときに、宅見から電話があったのだ。

私は「大丈夫や……」とだけ答えたが、それで私を襲わせたのは、宅見であると直感した。

宅見の事務所は、大阪にある。

地元の警察がようやく到着して捜査をはじめたばかりで、だれもが何が何だかわかっていない状況だったにもかかわらず、なぜ大阪にいるはずの宅見がいち早く京都で起こった事件を知ることができたのか。

これは、宅見が首謀者だったからにほかならない。

会津小鉄から「銃撃失敗」の報を受け、私が生きていることをたしかめるために電話をかけてきたのだ。

そして、宅見はこの日のうちに会津小鉄の若頭の図越利次《としつぐ》を山口組の総本部に呼びつけ、事態の収拾をはかった。

図越は、すぐに己の指と四億あるいは五億円のカネを山口組総本部に持ってきたという。総本部では宅見のほか若頭補佐だった桑田兼吉と古川雅章も同席して手打ちが行われた。

五代目も、このことを了承していたようだった。

この手打ちについても、私はあとになって聞かされた。警察で事情聴取を受けるなど対応に追われていたからである。

銃撃されるほどの事件があって、その日のうちに手打ちをするなど、前代未聞である。最初からデキていた話だから可能だったのだ。

理髪店銃撃後、会津小鉄の若頭が指とカネを持って山口組の総本部へ出向くことまで、宅見が事前にすべて決めていたのだ。

そうでなければ、これほど短時間に手打ちなどできない。宅見にとって、私が死ななかったことだけが「想定外」だった。

しかも、当事者の私を通さないかたちで行われる手打ちなど、聞いたこともない。もちろん私はカネを一銭ももらっていない。五代目には少し渡ったようだが、ほとんど宅見が懐に入れたようだった。


「直参の組長が銃撃を受けたのに、上部団体が何のカエシ（報復）もしないどころか、『ハイ、そうですか』とカネを受け取ったんですか？」

「親分には一銭もナシで？　そんなバカな話がありまっかいな」

私の若い者たちはブツブツ言っていた。

「そうやなあ……」

だが、五代目も手打ちを承認していたと聞いた以上、私もどうしようもなかった。

ただ理髪店の店主については、興味本位の報道をされてしまい、申し訳ないとは思う。店主には若い者にカネを届けさせたが、すっかり客足が遠のき、のちに閉店に追い込まれたと報じられていた。

日刊スポーツ（平成九年九月二四日付）は、この理髪店について、次のように報じている。報道は実名だったが、ここでは伏せる。

「もう、店がつぶれますよ。年間で約3００万円の売り上げダウンですから。以前は日曜ともなると、予約でいっぱいで、昼飯を食べる暇もなかったんですが、今ではチラホラです。宅見組長射殺事件で、もっとひどくなりましたね。1日一人とかね」。

事件後、京都府警の捜査のため、3週間の休業を余儀なくされた。銃弾がかすめた恐怖と、仕事を奪われたショックで、かなり落ち込んでいたMさんだが、京都府警の刑事部長の励ましの言葉にかけていたという。「〝心配せんでもええ。店の2、3軒は持てるぐらいの金はヤクザから取ったるし〟なんて言うんですよ。うのみにしてたら、全然連絡ないんですわ。これが」。

この事件で、有名人になってしまったMさんを傷つけた事はほかにもあった。「いつの間にか〝山口組から2０００万円もらった〟とか近所のウワサになったんです。顔を合わせるたび、〝ようけ、もろうたらしいですな〟とか言われて、ムチャ、腹立ちますわ」。

ただ、事件直後に中野会長の夫人が100万円を持参し、謝罪に来たことはあったという。「あとは30万円の見舞金を持ってきた若い衆もいました。ですけど、修理代だけで170万円かかったし、売り上げダウンの被害もある。会津小鉄の方から何もないし、民事で訴えようとも思いましたが、怖いしね。相談した弁護士も及び腰なんですよ」。

一方、理髪店の常連客だった中野会長は事件後もMさんを自宅に迎え入れては散髪していたという。「それも昨年末まで。今はバリカンを売りましたんで、それで若い人が散髪してると思います。1回の出張で10万円の報酬が出た時もあったんですがね」。

理髪店だけでなく、厳戒下の中野会長宅周辺の商店街一帯に、閑古鳥が鳴いている。人や車の数も減り、シャッターを下ろしたままの飲食店もある。付近の小学校では集団登下校が行われている。

中野会長宅へ足を向けると、すべての道を封じるように機動隊が配置され、車での襲撃を防ぐバリケードも築かれていた。その厳戒ぶりは今年初め、現地で取材したペルー日本大使公邸の警備を思い起こさせた。関東潜伏説や海外逃亡説まで流れた中野会長だが、その所在は？　捜査関係者の一人が声を潜め話した。「間違いなく、ここにいますよ。あるときは昼に玄関付近を少し歩いてましたね。ほとんど家の中にこもってますけどね。髪？　きれいに刈ってましたよ」。

関係者によると、中野会長の自宅ろう城の情報は山口組総本部も既につかんでいるという。京都で始まり全国に拡散したこの抗争の終結は、今なお京都にいるという中野会長の出方にかかってきそうだ。

宅見射殺事件後は、私の自宅周辺は機動隊が警戒態勢に入ったことで、私の外出もままならない状態が続いていた。

もとより五代目の指示どおりに自宅で謹慎していたわけだが、当時は事実でない報道も繰り返された。

たとえば、この散髪屋店主に私が届けさせたカネの額は、報道とはだいぶ違う。最初に二百万円、そのあとでなんやかやと合わせて一千万円は渡している。さらに店主は店の改装費も寄こせと言うので私もさすがにムッとしてしまい、「そんなもん、相手（襲撃してきた会津小鉄）に言えや！」と突っぱねてしまった。迷惑をかけたのはたしかなのであまり言いたくはないが、そもそもその散髪屋はまったく流行っておらず、私のせいで客足が遠のいたという話ではない。

なぜ襲撃が起きたか

理髪店銃撃の不可解な手打ちで、桑田や古川が宅見と同じ穴のムジナであることはわかった。もちろん当時同じ若頭補佐だった司忍や瀧澤孝も知らなかったはずはない。ただし、宅見の真の目的は、私を殺すことではなかった。

宅見が企てたのは、渡邉芳則五代目を排除した上での六代目体制の確立、すなわちクーデターである。この計画のために「五代目親衛隊長」を自称する私が邪魔だったのだ。

平成元（一九八九）年の五代目体制発足を受けて、五代目の出身母体である山健組組長に就任した桑田は、翌二（一九九〇）年に私と「同期」で、五代目山口組若頭補佐となった。

五代目とほぼ同じレールを歩んできた桑田には、「六代目襲名」の可能性があった。「山健（組）にあらざれば、山口（組）にあらず」と言われた時代が続いていたこともあり、当時から桑田は六代目就任を狙っていた。

これに対して、渡邉五代目は大阪戦争の功労者・井上邦雄を六代目に考えていた。井上は当時まだ服役中で、出所したのは平成一二（二〇〇〇）年である。

大阪戦争は、大阪を中心に昭和五〇（一九七五）年から昭和五三（七八）年にかけて続いた三代目山口組と大阪の独立系組織・二代目松田組との大抗争である。

松田組は、縄張りに進出してきた大組織の山口組を相手に一歩も引かなかったが、力の差は歴然としていた。死者が山口組側に四人だったのに対し、松田組側は八人に上った。

一方で、抗争の発端となった大阪・豊中市の喫茶店ジュテームでの山口組系佐々木組組員三人の射殺については、山口組内でも「松田組のシマを荒らした佐々木組が悪い」という見方が強く、「山口組ではなく佐々木組の問題」とされていた。殺された三人は松田組の賭場でやりたい放題だったというのだ。

ジュテーム事件を受けて、二代目松田組組長・樫忠義と親しかった三代目山口組若頭補佐の菅谷組組長・菅谷政雄は単独で和解工作に動いた。このことは後に問題視され、菅谷は謹慎処分を受けている。

樫のほうもジュテーム事件については謝罪する意向を示していたとされるが、話は折り合わずに抗争に発展していく。

特に昭和五三（一九七八）年七月、田岡が京都・京阪三条駅前のクラブ「ベラミ」で二代目松田組系大日本正義団組員の鳴海清に狙撃されて重傷を負ったことは山本健一若頭を激怒させた。当代を襲われて黙っているヤクザなどおらず、抗争が一気に激化する。

この抗争で中心になって動いたのは、山健組と宅見勝率いる宅見組であった。前述のとおり、宅見は樫の襲撃のためにダイナマイトを積んだラジコンのヘリコプターを用意していたことが発覚、家宅捜索も受けたとされる。

大阪戦争では、山健組の中でも、私が相談役を務めた初代健竜会（渡邉芳則会長）の組員の活躍がめざましかった。

松田組系組員二人の射殺事件に関しては、理事長補佐の井上邦雄が首謀者とされて逮捕され、懲役一七年の実刑判決を受けたほか、のちに中野会の若頭補佐となる道躰方彦（健竜会若中）は懲役一六年、同じく若頭補佐となる金山義弘（同）は懲役五年の実刑判決を受けている。また前木場信義と西住孔希も懲役一五年の刑を受けて服役した。

このころは、私が別件で懲役に行っていた時期でもあり、中心で動いてくれたのは私の舎弟だった井上である。

当時の私は、傷害や恐喝などで懲役に行くことが多く、「喧嘩太郎」のほかに「懲役太郎」とも呼ばれていた。

不良の言葉で「懲役太郎」とは、「服役の回数が多い者」「しょっちゅう懲役に行っている者」を指す。そういう意味でも、私はヤクザとしての道をまっとうしている。

「大阪戦争の功労者は、みんな中野会ですやん。あのころは、山口組のためにがんばりましたなあ。忠誠心というより、純粋に『山口組を輝かせたい』と思ってたんですわ」

私の若い者たちは今もこう言って笑うが、大阪戦争では山健組系の盛力会や健心会のほか田岡三代目の直参・羽根悪美なども貢献し、総力戦となっていた。

現在は、組のために活動して長期の服役をしても、暴対法のせいで出所祝いや慰労金の供与、さらには組織内の昇格も禁止されている。

たしかに組織や親分のために人を殺し、長い懲役に行くのは、カタギからすれば愚かなことであろう。

だが、それがヤクザというものなのだ。法律でこうした功労を禁止することには賛成できない。

組織のメンツは、命を懸けても守るものである。だから、山口組は最後まで松田組を許さなかった。

大阪戦争は、終結が平和的な「手打ち」ではなかったことも注目された。一一月に山本若頭が記者会見を開き、松田組との抗争を「山口組独自の判断で終結させる」という趣旨の声明文を公表して一方的に終結を宣言したのである。

これに対して、松田組も終結宣言を大阪府警に提出した。なお、田岡狙撃犯・鳴海清は惨殺された状態で発見されたが、今も犯人は逮捕されていない。

松田組は後に「松田連合」と改称したが、傘下組織の脱落が続き、昭和五八（一九八三）年に解散している。

なお、樫は平成八（一九九六）年に首なし遺体となって発見されているが、自殺と断定された。抗争後は資金繰りが厳しく、生活にも困窮していたことが報じられている。

繰り返しになるが、この大阪戦争を機に山口組は外部団体との大抗争は避けるようになるものの、むしろ山一抗争など内部での抗争が激化、若頭射殺にまで至る。

井上が出所する少し前の平成九（一九九七）年に宅見射殺事件が起こり、その後は私の病気もあって、井上とはきちんと話す機会もないままであるのは残念である。大阪戦争のことなどで細かい行き違いもあったのだが、そのままになってしまった。

井上は、平成一五（二〇〇三）年に桑田の養子となって三代目山健組若頭に就任したが、桑田は実刑判決を受けて服役していた平成一九（二〇〇七）年に執行停止を受けて出所、その後に死去している。

桑田が子分と養子縁組したことは、「刑務所での組関係者との面会を可能にするため」と警察から批判された。もちろんそういう面もあるだろうが、ヤクザが養子を迎えるのは珍しいことではない。疑似家族を構成するのがヤクザであり、法律的に親子となることも多い。

桑田の死因は、「敗血症」と報じられたが、持病もあって獄中で徐々に弱っていったようだ。刑務所という権力に殺されるヤクザもまた、少なくはない。

井上邦雄は、**平成一七**（**二〇〇五**）**年七月、五代目の引退表明を受けて翌八月に四代目山健組組長を襲名、六代目体制発足の際には新設された六代目山口組の「幹部」職を経て、一二月に若頭補佐に就任している。**

だが、**平成二七**（**二〇一五**）**年夏に司忍六代目体制に叛旗を翻し、神戸山口組の組長に就任する。**

バブル経済の時代を獄中で過ごした井上は、温厚でカネにも恬淡《てんたん》としていると評されてもいた。

だが、平成二四（二〇一二）年に後ろ盾となっていた渡邉芳則五代目組長を亡くし、山口組内で司忍六代目率いる弘道会の力がより強大になる中で、組を割って出ることを決意したようだった。

五代目降ろしのクーデター

話を少し前に戻す。

収監中の井上を後継者に推す五代目と、六代目を狙う桑田との関係は、ギスギスしているというよりは、傍目《はため》からは五代目は桑田を憎んでいるようにすら見えた。渡邉が五代目を襲名し、山健組三代目をだれにするかという話になったとき、五代目は桑田の就任を拒んだ。嫌がる五代目を、私が一昼夜かけて説き伏せた。桑田は晴れて三代目山健組組長となり、「太郎さん、太郎さん」と泣きながら私に頭を下げた。そんな経緯もあり、桑田は面白くなかったに違いなく、そこに宅見がつけこんで、カネで懐柔したのだろう。

あるいは、宅見の懐柔が先であったかもしれない。六代目を狙うようにたきつけた可能性も考えられる。

いずれにしても、あのころからすでに「五代目降ろしのクーデター計画」ははじまっていたのだ。

宅見は、当初は私もクーデターに巻き込むつもりだった。

理髪店の銃撃事件の少し前までは、宅見は私と顔を合わせるたびに、「次のカシラ（若頭）は中野さん、頼んますよ」とか、「カネはいくらでもあるでぇ」などと言っていた。私をカネで懐柔しようとしているのがミエミエだった。

「五十億くらいならいつでも運びまっさ」

ついに私がクーデターに加われば、カネはいくらでも出す、というようなことまで言いだした。

「いや、ええですわ」

「（クーデターに）加わってくれなくても、（五代目降ろしを）見て見ぬふりをしてくれるだけでええんです」

「いや、ええですわ」

私は、もちろん断った。

「この話、ワシは聞かんかったことにしといてください」

こんなやりとりが、何度かあった。

ある日、宅見の事務所を訪れたとき、勝手に私の車にダンボール箱を二つ積みこまれた。札束がぎっしりと入っている。困った顔をした若い者が立ちつくしていた。

「親分、先ほど宅見会長がこちらを……」

「そんなもん、すぐ降ろせー!!!!」

私は若い者にすぐさま指示した。

私も桑田たちと同じようにカネで懐柔できると思われていたことには、本当に腹が立った。

自他ともに認める五代目親衛隊長の私に「寝返れ」とは、よくも言えたものである。

だが、それ以上に宅見がカネの話ばかりして、それに乗っかる者たちが山口組の中に多いことに腹が立った。

「あんなもん、任侠道やない。金狂道やわ」

私は子分たちによく愚痴った。

もっとも理髪店の事件を境に、カネの件を含めて宅見が私にいろいろ言ってくることはなくなったのだが。

このころ、すでに桑田は宅見から相当な額のカネはもらっていたようだった。宅見によって「カネだけの男」に成り下がっていたのだ。

「カネカネ言うな！　ヤクザはカネだけやない！」

常にギャーギャー言う私を桑田は避けていた。そもそも、山健組に桑田を引き入れたのは私である。服役中に刑務所の中で誘ったのだ。だから桑田は私に頭が上がらず、煙たがっていた。もっとも私はだれにでも何でもハッキリ言うし、しかもすぐに行動に移すので、執行部でも好かれてはいなかった。

今思えば、五代目が桑田を遠ざけるようになったのは、「桑田は宅見から五十億もらっている」という「噂」を聞いていたからかもしれない。

当時は、五代目にどうでもいい話を「御注進」する者が多く、「宅見がごっつい別荘を建てた」とか、「クラシックカーを何台も持っている」などという話をするのである。五代目はそれを真に受けていたフシがある。桑田に関しても、五代目は何かを聞いていたのかもしれない。

いずれにしろ、宅見は自分の考えたクーデター計画への「レール」を敷くために、さまざまな工作をしていたことは間違いない。

五代目を引退させ、六代目を桑田が継承し、自分は総裁か最高顧問に就任して、院政を敷く……それが宅見の考えたシナリオである。自らの健康不安も影響したのかもしれない。

そのためには、五代目の親衛隊長である私は邪魔でしかなく、懐柔策にも失敗したのだから、殺すほかなかったのだろう。

「ニセ中野会」の乱行

では、なぜ会津小鉄の図越は、宅見の「計画」に乗ったのか。

一つには、京都にやってきた私たち中野会に手を焼いていたことがあると思う。

私が自宅を京都に移したのは、たまたま物件を紹介してもらっただけで、それほど深い意味はなかった。

しかし、会津小鉄としては迷惑な話でしかなかったのだろう。報道されているだけでも、会津小鉄と中野会の衝突はいくつも発生している。それは「枝の若い者たちの小競り合い」のレベルを超えていたのだ。

平成四（一九九二）年三月、京都で中野会の関係者とされる不動産業者が会津小鉄系の組員に刺殺された。この月は暴対法が施行された時でもある。

翌平成五（一九九三）年十月には、会津小鉄組員が京都・山科の中野会系の事務所を銃撃、さらに山口組系組員が大津市内の会津小鉄系組事務所駐車場で会津小鉄系組員を射殺した。

また、平成七（一九九五）年六月には山口組と会津小鉄の間で、二六時間で十四件の発砲事件が発生、このときはすぐに山口組と会津小鉄は手打ちをしている。

しかし、翌七月には中野太郎の自宅に銃弾が撃ちこまれる。

さらに、八月には山口組系藤和会山下組組員と会津小鉄系山浩組組員が口論となり、山下組組員が山浩組の山本浩令組長を狙撃する事件が起こり、山本は重傷を負った。これを受けて山口組関係者宅に銃弾が撃ち込まれるなど抗争状態となる。

そして、八月二五日。藤和会山下組組員二人が、山浩組事務所近くにいた京都府警巡査部長を会津小鉄系組員と誤認して射殺する事件が起こる。この事件は、後に渡邉芳則五代目の使用者責任問題に発展する。

こうした会津小鉄と山口組の軋轢《あつれき》は歴史的背景もあり、中野会だけの責任ではないのだが、私らが問題視されるのはしかたのないことだった。

じつは、私が京都に居を構えて間もないころ、四代目会津小鉄会長の高山登久太郎《しくたろう》と会ったことがある。高山のほうから出向いてきたのだ。

当時、もはや会津小鉄と中野会の枝の若い者たち同士が街なかで衝突を繰り返していた。

「京都から、手を引いてもらえまへんか？」

高山は、こう言った。もちろんタダではない。四億円か五億円を払うという。

シマで問題を起こし続けている中野会の長である私のもとに、わざわざ自ら出向く高山の行動力と資金力には心底驚いたが、こちらとしては、もらうわけにもいかない。

「御当代である高山さんご自身が私などに頭を下げるというのは、このカネ以上の価値があります。今後は、若い者たちには気をつけさせます」

私はそう言って、カネは受け取らなかったのだが、あとで若い者たちは驚き、しきりに残念がった。

「親分、会津のカネ、突き返したんでっか？」

「アホ！　カネカネ言うんやない！」

私は若い者たちを叱った。

「当代が他組織の直参に頭を下げるなんて、よっぽどのことや！　髙山さんはたいしたお人や。お前らも、これからは会津としょおもないケンカはするなよ！」

思えば、当代がカネを持って赴かねばならぬほど、「中野会の京都進出」は会津小鉄にとっては大問題だったのだ。

私からすれば「枝の者たちの小競り合い」に過ぎないのだが、けっこうな数の死傷者も出ていたから、しかたないと言えばしかたない。

さらに、「ニセ中野会組員の悪さ」が看過できないものになっていたこともあるようだった。

なんと「中野会組員」を自称する者たちが、京都の地でやりたい放題をしていたのである。

もともと組織運営などにはまったく興味のなかった私は、若い者の数も増えるに任せていた。当時、二千人は下らないようだったが、実際のところはよくわかっていなかった。そこにニセ組員も加わっていたのである。

「親分、『ワシは中野会や。二千万円用意せえや』って言うだけでカネ持って来るのがいるそうですわ」

ある日、若い者たちが呆れながら教えてくれた。

言われたほうは「騙《かた》り」を疑っても、「本当に中野会だったら怖いから」と持ってくるのだという。

「バカ！　すぐにやめさせろ！」

私は怒ったが、そうは言っても組員でもない者の把握などできるわけはない。だが、「それはニセ組員なので、中野会は関知していません」では、説得力はないだろう。

シマを荒らされる髙山が怒るのは当然であり、私が髙山ならとっくに皆殺しにしている。

それが、髙山は目下の私にカネを持って頭を下げてきたのである。これは、なかなかできないことだ。私はそれに感激したのである。

とはいえ、打つ手はない。トラブルは収まりそうになかった。

平成八（一九九六）年二月、若い者たちによるトラブルの解消のために異例の対策が取られた。歴史的といえる五分の兄弟盃（五代目山口組若頭補佐・桑田兼吉と四代目共政会・沖本勲《いさお》会長と四代目会津小鉄若頭・図越利次）が執り行われたのである。

しかし、和平には至らず、四月には宇治市で会津小鉄系の組を脱退し、中野会系の組員と行動を共にしていた元組員が刺殺される。


会津小鉄と広島（共政会）との盃には、私も宅見から誘われた。

「なんでワシも入るんでっか？」

私は呆れて聞き返した。

「責任は私が持ちますから」

「いや、責任の問題ではないですわ。そういうのは性に合いまへんのや」

そう言って断ったのだが、これが五代目の耳に入っていた。

「人が知らん間になんでそんな勝手なことを……」

「いえ、ですから兄弟分にはなってまへん。断りましたわ」

そう答えても、五代目は不機嫌なままであった。一事が万事であり、宅見は常に自分でよかれと思ったことを勝手に実行しており、それを五代目は苦々しく思っていた。

これもあとでわかったことだが、桑田は、宅見に頼まれて五分の兄弟分である図越に私の襲撃を依頼したようだ。

これには、当時の山口組と会津小鉄の「力関係」もあったと思う。五分の兄弟分ではあっても、桑田のほうが格上であり、会津小鉄としては山口組の「命令」に従わざるを得なかったのだろう。

事件からしばらく経って、私に対する銃撃を「桑田から急《せ》かされた」と明かしてくれた会津小鉄系の若い者もいる。

当時の桑田たちは、クーデターの実施にかなり焦っていたようだった。

もちろん、宅見に尻を叩かれてのことである。

京都の地下人脈

京都というのは、不思議な街である。

一言で表すなら、「閉鎖的」ということだ。

私は、たまたま物件を得ただけで、京都に進出してシノギをするつもりはなかったし、できなかったと思う。

だが、やはり会津小鉄には悪いことをしたと、今は思う。

一九八〇年代後半の不動産バブル経済がはじけても、平成に入ってしばらくするまでは、京都はまさに魑魅魍魎《ちみもうりょう》が跋扈《ばっこ》していた。

オモテの政財界は自民党の野中広務、京セラの稲盛和夫やワコールの塚本幸一が仕切り、その裏では山段芳春《さんだんよしはる》や許永中などのフィクサーが暗躍する中で、会津小鉄や同和団体も存在感があった。それは京都独特であり、「よそさん」（よそ者）が簡単に入り込めない雰囲気があった。また、かつては同和利権もうまみがあった。

一方で、京都府警の腐敗も「独自の進化」を遂げている。

とりわけ「影の京都府警本部長」とまで言われたフィクサーの山段芳春は、皇族からヤクザまで各界に幅広い人脈を持ち、国内有数の預金高を誇った京信（京都信用金庫）の経営にも深く関与していたのだ。

この山段は自らも警察官出身であり、ノンバンク系のキョート・ファイナンスなど京信の関連組織すべてに警察官の天下りを多数送り込んでいた。このことで、山段は京都府警に強い影響力を持ち得たのだ。これは京都独自の構造といえる。

しかし、バブル経済が崩壊して経済が低迷し、平成三（一九九一）年に許永中が逮捕され、平成一一（一九九九）年三月に山段も亡くなったことで、京都の構造も激変していく。そうしたころに中野会を含む山口組勢力が進出してきたのである。

私の銃撃事件には、図越の個人的な「事情」もあったと思う。

図越にとって、なかなか引退しない高山は邪魔だったのだろう。私の襲撃の責任を取らせて高山に引退させ、自分が一日も早く五代目を襲名したかったのではないか。

高山は、なかなか引退しない上に、当時は暴対法（平成四年施行）に対する反対運動を積極的に続けており、裁判をしたり、メディアの取材を受けたりするなど幅広く活動していたので、図越は面白くなかったのかもしれない。

そして、おそらく宅見は、私の射殺で高山を引責辞任に追い込み、会津小鉄を山口組の傘下に収めようとしていたのだと思う。

中野太郎銃撃事件の翌年である平成九（一九九七）年、図越若頭の実父・図越利一《りいち》総裁と高山会長の二人が引退を表明、図越若頭が会長となって「会津小鉄五代目」（のちに「五代日会津小鉄会」に改称）体制がスタートする。

京都では、名跡である会津小鉄が「三代目会津小鉄会」として昭和五〇（一九七五）年に復活する前から、地元組織と山口組との争いは絶えなかった。

組織としての会津小鉄は、幕末の生まれで京都の会津藩屋敷で働いていた博徒「会津の小鉄」こと上坂仙吉が慶応四（一八六八）年に立ち上げたとされる。

この年は、年明けの「鳥羽・伏見の戦い」を緒戦とする倒幕派と幕府派との闘いである戊辰戦争が勃発、秋には明治新政府により元号が明治に改められた。

上坂は、この鳥羽・伏見の戦いに五百人の子分を連れて参戦、敗走の際に放置されていた会津藩の戦死者の遺体を葬っている。

まさに激動の時代を生きた小鉄は賭場荒らしでも知られ、左手は親指と人差し指だけで、全身に七十ヵ所以上の刀傷があったといわれる。

そして上坂が明治一九（一八八六）年に四一歳で病没すると、実子の上坂卯之松が跡目を継いで「二代目会津小鉄」を名乗るが、昭和一〇（一九三五）年の卯之松の死去後は名跡が途絶えていた。

この名跡を昭和五〇（一九七五）年に復活させたのが、二代目中島会の図越利一である。中島会は会津小鉄の流れを汲む博徒組織で、図越は昭和三五（一九六〇）年に初代中島源之助の跡目を継いで二代目中島会会長に就任した。

のちに図越は、いろは会や中川組など主だった京都のヤクザをまとめあげて「中島連合会」を発足させる。これは初代源之助の遺志であった。

中島連合会は、会長の図越ほか、会長代行に橋本圓次郎（いろは会会長）、副会長に中川芳太郎（中川組組長）と篠原梅松（篠原会会長）、大島岩蔵（北新会会長）、幹事長に髙山登久太郎（中川組若頭髙山組組長）など京都を代表するヤクザの親分衆が名を連ねていた。

その一方で、当時も京都のヤクザと山口組の抗争は続いており、とくに昭和三七（一九六二）年に京都の旧市街（京都の中心部であり上京区のほぼ全域などを含む）の縄張り争いから発展した「木屋町事件」は、繁華街である木屋町で多数の死傷者を出し、国会でも取り上げられている。

この抗争では、田岡一雄三代目と図越による手打ちが行われた。田岡はこの席で「山口組は京都の旧市街には新たに進出しない」と確約したと言われている。

図越はこの手打ちでの手腕を買われたこともあり、名跡の復活と、「三代目会津小鉄襲名」を周囲から望まれることとなる。

図越は、最初は固辞したが、強い要望を受けて「三代目会津小鉄会」会長に就任したのである。

図越三代目は、反目《ハンメ》のはずの田岡三代目とも意気投合しており、「京都不可侵条約」の締結も可能だったのだと思う。

それからしばらくは静かだったのだが、昭和の末期から平成にかけてまた騒がしくなる。五代目山口組は拡大路線を続けていたので、組員はやたらと多いし、バブルが崩壊して景気は悪いしで、新しいことをはじめなくてはならなかった。

その一方で、暴対法への対応も私らヤクザには死活問題になっていた。シノギが細くなる中で無茶をやる者も目立ってきていたが、私などはまだのんびりしたものであった。

だが、中野会の京都進出は、田岡三代目による会津小鉄との「不可侵協定」を無視した行為であると言われても、しかたないことだった。

図越にしてみれば、私への銃撃事件とは、カネを払ってでも目障りな中野会を京都から追い払えて、高山を引責辞任させ、さらに桑田や宅見、山口組に貸しができるので、むしろいい話だったのだろう。

暴対法については、**平成四（一九九二）年**の**施行前**から**弁護士**などの**有識者**、**政治運動家**らが**憲法**に**反**するとして**問題視**しており、ヤクザも**積極的**に**異議**を**述**べた。

特に宅見勝と髙山登久太郎、そして二代目工藤連合草野一家の溝下秀男総長らは暴対法に強い危機感を持ち、暴対法の指定を受けてからは各公安委員会に指定処分の取り消しを求める訴訟を起こすなど、従来のヤクザとは異なる反対運動を繰り広げた。

昭和六一（一九八六）年に四代目会津小鉄会（平成元〔一九八九〕年「四代目会津小鉄」に改称）会長に就任した髙山登久太郎は、メディアの取材にも応じ、暴対法の批判を続けた。

平成五（一九九三）年六月、渡邉五代目ほか山口組の幹部が京都を訪れ、髙山四代目らとの「親戚縁組食事会」を行い、これにより四代目会津小鉄と五代目山口組がいわゆる「親戚団体」となる。

こうした代紋違いの「兄弟」は、それぞれに「親」がいることから、命令や指示はできない。命令や指示は親からしか与えられないからである。

親戚の縁組とは、「親戚として交流する」という意味合いが強く、たとえば兄弟分の関係組織でのもめごとの仲裁などは行うことができる。これに対して、「友好団体」とはお互いが「友好的」と確認できれば足り、食事会や盃事もとくに要件とはならないとされる。

髙山はさすがになかなかの人物で、私の盟友である「サージ」こと生島久次・生島組組長と親しかったこともあり、私は積極的にケンカをするつもりはなかった。それは渡邉芳則五代目も同じだったと思う。

また、暴対法という「共通の敵」ができたことで、ヤクザの組織の間に「共存共栄」や「平和路線」の空気もあったのだろう。

だが、トップ同士は親戚関係となっても、現場の若い者たちはそうもいかないものだ。

平成七（一九九五）年には、のちに五代目の使用者責任問題に発展する「警察官誤射事件」が起こる。使用者責任については別に触れるが、射殺された巡査部長は私服姿で防弾チョッキをつけておらず、（パトカーの目印である）赤色灯の設備のない一般車の傍らに立っていた。

これでは「警戒中」とは思えないし、ヤクザと間違えられてもしかたない。「警官が会津小鉄に小遣いをもらいに行っていた」という説もあるほどだが、ヤクザによる警察官の射殺はやはり大事件である。

こうしたこともあって、平成八（一九九六）年二月に桑田（山口組若頭補佐・山健組組長）と広島の四代目共政会・沖本勲会長と四代目会津小鉄・図越利次若頭（京都）が、山口組本部で五分の兄弟盃を交わしたのだ。

この盃には私も誘われ、断ったことは先に述べた。

そして、この年の七月に私への銃撃事件が起こる。

不穏な日常

襲撃の「予兆」は、かなり前から感じていた。

おかしな動きが少なくなかったので、こちらもそれなりに準備はしていたのだ。

たとえば事件の一年ほど前から、同じナンバーの乗用車を近隣で何度か見かけた。気になったのでナンバーを控えさせておいたのだが、ヤクザの関係者の所有ではないようだった。

しかし、この車は理髪店銃撃に使われた車であった。

また、女性の名前で私宛てに「あなたを殺すように依頼されました」という手紙が届いたこともある。調べさせたら、この女性は実在する医師であった。当時は五代目にも女性からファンレターが来ていたりしていたものの、さすがにこれは「イタズラだろう」ということになった。だが、やはり気分が悪いものである。

そして、かねてからの会津小鉄との小競り合いの経緯もあり、会津小鉄から狙われていることは容易に察しがついたが、当時はさすがに宅見や桑田など山口組の執行部まで絡んでいるとは思っていなかった。

「何かおかしいのう。用心しとけ」

若い者たちも何かを予感していたようだが、ヤクザは、狙ったり狙われたりは当たり前である。もちろん狙う者のほうが強い。

だから、若い者たちは拳銃を携帯したボディガード班を作り、自宅や行きつけの場所をパトロールしていた。ところが当の私自身はどうにもボディガードが苦手、というのか嫌いだった。それと、自宅にはシェパードを五、六頭、それに蛇も飼っていた。これは私の趣味の部分でもあるが。

そして、その予感は的中した。


今思えば、銃撃事件の前日である、七月九日の様子もおかしかった。

神戸の山口組本家から「一〇日に（神戸の総本部まで）来るように」と連絡があり、夕方に若い者に新幹線のチケットを本家まで取りに行かせた。

このことは本家最高幹部と私たちしか知らないはずだったのに、翌朝に駅に着くと、会津小鉄の組員たちが待ち構えていたのである。

「親分、（駅の）本屋のエスカレーターのところにいるの、会津の青柳でっせ？」

若い者から耳打ちされた。

古い知り合いで、間違いないという。青柳は、この日に私の子分である高山博武に射殺されることになる。他にも駅構内に何人も会津小鉄の関係者がいたようだった。

青柳の近くにいた別の会津小鉄の者は、新聞を読むフリをしてこちらをうかがっていた。この男も銃撃の日に理髪店近くで見張り役をしていたことが、後でわかった。

ただし、私は駅で桑田や古川（雅章山口組若頭補佐）のほか岸本才三（同総本部長）や大石誉夫（同舎弟頭補佐）などと一緒にいたので、襲撃はできなかったようであった。

本家から戻った私は理髪店に行き、そこで襲われたのである。

会津の高山は、本当に銃撃事件には絡んでいないようで、事件後すぐに生島を通じて「自分は関係ない」と言ってきた。

私もそう思っていたので、再び生島に伝言を頼んだ。

「髙山会長には、気にせんように言うてくれ。ワシはホンマに会長は関係ないと思う。ただし会長を降りたら必ず小若からカエシ（報復）があるから、今は辞めない（引退しない）ようにと言うてくれ」

「わかった」

「小若」とは、図越若頭のことである。小若会は若頭の図越の出身母体であり、私を襲撃したグループの主流メンバーであった。

生島は私の気持ちをわかってくれて、メッセンジャーの役割を果たしてくれた。宅見と図越の思惑があったとしても、発端は私が京都に住んだことであり、配慮が足りなかったと思っている。

何があっても会長から離れるな

八幡の事件で私を守ってくれた高山博武についても、書いておきたい。

高山は二二口径の小さな拳銃でありながら、二人を射殺したことで、「頼もしいボディガード」としてヤクザ業界での評価は高まった。

高山はこの件で一五年の懲役を務めることになるが、公判中に宅見射殺事件が起こってしまった。

「何があっても、最後まで中野会長のそばから離れるな」

高山は、宅見事件後の中野会の絶縁の際に自分の子分たちにこう言ったという。中野会の解散にも反対していた。

しかし、結果として平成一七（二〇〇五）年八月に中野会は解散となり、これを受けて高山は三重・四日市に本部のある山口組の二次団体である愛桜会に移籍した。二代目会長の菱田達之は、平成二七（二〇一五）年一一月に殺害されて社会に衝撃を与えた。実行犯は愛桜会から絶縁された組員であった。絶縁処分に不満があって菱田のもとを訪れ、話がまとまらなかったようだと報道にある。

そして、残念なことに高山は平成二八（二〇一六）年一月に病死した。私に尽くしてくれた子分が私よりも先に逝くことは、本当につらいことである。

「ヤクザの末路とは哀れなものだ」

よく言われることであるし、自分もそのとおりだと思う。

だが、これはヤクザにならざるを得なかった者たちの気持ちをわかっての言葉なのだろうか。

高山は鹿児島・奄美群島の出身で、学校の成績は優秀だったという。ヤクザになる道を選んだのは、経済的な理由だったと聞いている。離島では珍しくない話である。

高山は若い者たちにも慕われており、しばしば若い者たちを海外の射撃場に連れて行き、射撃の腕を磨いていた。私もそれで生命が救われた。

だが、理髪店の事件で身を挺して守ってくれた高山を長い懲役に行かせ、贔屓《ひいき》にしていた理髪店にも迷惑をかけてしまった。

高山に射殺された会津小鉄の若い者の葬儀には香典を持って行かせたが、受け取ってもらえなかった。

生島久次の射殺

理髪店の事件から一ヵ月半後、再び大事件が起こった。

四代目会津小鉄の高山との連絡を取り持ってくれていた、私の盟友〝サージ〟こと生島久次が射殺されたのである。生島は、私のことを評価してくれていた一人であった。

平成八（一九九六）年八月二七日付の日刊スポーツは、生島の射殺について、本名の「高佑炳」で次のように報じている。

大阪駅前で銃撃戦　暴元組長ら二人死亡

26日午後4時20分ごろ、大阪市北区梅田の「大阪駅前第三ビル」前の路上で銃撃戦が繰り広げられ、撃たれた男性二人が死亡した。現場はJRや私鉄、地下鉄の駅から近く、サラリーマンや買い物客らでにぎわう大阪・キタの中心地。大阪府警捜査四課は暴力団絡みのトラブルとみて、逃げた男二人を追っている。

サラリーマンやOL、買い物客らでにぎわう大阪でも指折りの繁華街で、発砲事件が発生した。現場は大阪駅前第三ビル北側。ショッピング街のど真ん中での犯行だった。

大阪府警曽根崎署の調べによると、死亡したのは同ビル15階の「日本不動産地所」の高佑炳相談役（56）と、住所不詳、指定暴力団山口組系侠友会の坂本和久組員（29）。ともに背中や腹部に数発ずつ撃ち込まれていた。二人は約4メートル離れて倒れていた。調べによると、付近で乗用車から降りた高相談役と男性社員を、坂本組員ら二人組が至近距離から短銃数発を発砲。これに対して高相談役側も数発、応射した。

現場から逃げ去ったのは、一人が30歳前後で紺のTシャツに帽子を着用。パンチパーマにサングラス姿だったという。もう一人が25〜26歳でアロハシャツに黒いズボンだった。現場には高相談役の倒れていた場所に、短銃1丁が残されていた。高相談役は1984年（昭59）に引退するまで、指定暴力団山口組系の組長だった。

府警捜査四課は殺人事件とみて曽根崎署に捜査本部を設置、暴力団絡みのトラブルが背景にあるとみて逃げた二人の行方を追い、27日未明、侠友会の組事務所を家宅捜索した。

現場から10メートルほど離れたTシャツプリントショップ店長の南部純さん（35）は銃撃の瞬間を目撃。「バーンとすごい音がしたので、爆発かと思った。見ると男性が崩れるように倒れた。男二人が銃のようなものを構えており、全部で7発くらい撃ったと思う。最後は倒れているのにとどめを刺すように撃ち続けていた」と興奮気味に証言した。その後、一人は平然として商店街の中を歩いていったという。

発砲のあった直後、現場に駆けつけたビル警備員は「二人はあお向けになって首から血を流して倒れていた。一人は右手に銃を持っていた。救急隊が到着して運び上げようとしたらドッと血が流れ出た」と話した。

また、近くの結婚相談所職員の女性は「大きな音がした後、通行人が血相を変えて走ってきた。男二人が血だらけで倒れていた。怖くてカウンターの中に身を隠していた」と声を震わせた。巻き添えが出なかったのが不思議なほどの白昼の銃撃戦だった。


報道のとおり大阪・梅田の繁華街での事件であったが、一般人の巻き添えが出なかったのは不幸中の幸いであった。

射殺の一報を受けた私は怒り狂い、若い者たちも手が付けられないほどだったという。

この生島は在日で、もとはヤクザであった。

私が生島にはじめて会ったのは、いつだっただろうか。これも、今となっては思い出せない。

昭和一五（一九四〇）年生まれの生島は、大阪・生野周辺の愚連隊出身で、昭和四十年代に三代目山口組若頭補佐の〝ボンノ〟こと、菅谷政雄率いる菅谷組系の生島組の組長となっている。

当時から賭博の開帳などのシノギで儲け、「日本一の金持ちヤクザ」と評されていた。また、まともな金融機関は相手にしないヤクザにもカネを貸したので、「ヤクザの銀行」とも呼ばれていた。

そして、生島は大阪戦争の際に単独で和解を進めたボスの菅谷を補佐している。菅谷の実兄が松田組初代と親しかったことや、田岡三代目を撃った鳴海清が所属していた松田組系村田組傘下の大日本正義団会長の吉田芳弘と生島が兄弟分であったこともあり、菅谷は和解を進めたのだ。

そのことで菅谷は処分を受ける。

菅谷は私たち山健組と軋轢を起こしていたこともあり、山口組の中で浮いていた。そして昭和五二（一九七七）年に山口組執行部から絶縁処分を受ける。その後は独立組織として活動していたが、昭和五六（一九八一）年に菅谷自ら解散を決め、生島もカタギになった。

生島は引退後も不動産業や金融業で成功し、ヤクザにカネを貸していた。射殺されたときは、「元暴力団員」ではなく「不動産会社社会長」と報じられた。

射殺の実行犯は山健組系の若い者だったが、宅見の差し金だったと私は見ている。

じつは、そうした菅谷組と山健組との因縁もあり、どちらかといえば疎遠だった生島と私は、この射殺事件の少し前から親しくつき合うようになっていた。生島と私が親密な関係となったことを知った宅見や山健組の一部勢力が、警戒して嫌がらせをしたのだろう。

宅見は菅谷組時代の生島に二度謝罪させられたとの話もあり、もともと遺恨もあったと思う。

そして、引退後もグレーゾーンで暗躍する生島を宅見は煙たがっていたようだった。宅見にも商才はあったが、生島は別格だった。

生島にはいくらでもカネがあり、大阪の在日としての存在感も強い。そして、部落解放同盟支部長を兼任していた財団法人飛鳥会理事長の小西邦彦とも親交があり、同和関係者にも顔がきいた。

さらに私との関係が深いとなれば、宅見にしてみれば殺すしかないではないか。

当時の生島はヤクザに復帰し、中野会に入るとの噂もあったから、なおさらだろう。

しかし、生島と私の関係は「知る人ぞ知る」といった類いのものであった。もっとオープンにしておけば、あるいはだれも手出しはできなかったかもしれない。そう思うと悔やまれてならない。

生島に関するエピソードはいくつかあるが、豪放磊落《らいらく》さを感じさせるものが多い。

たとえば許永中にも百二十億円ものカネを貸していたにもかかわらず、督促もしていなかった。生島と食事をしていた折に、はじめてその話を聞いたときには私も驚いた。

「百二十億円は、ごっついなあ。取り立てに行かせよか？」

「いや永中は在日同胞やし、『男』と見込んで貸したんです。それで返ってきいへんやったら、それでよろしいんですわ」

「たいしたもんやなあ」

ずいぶんと男前の返事に、私はただ感心したものだった。生島はそんな男だった。

いつだったか、生島に渡邉芳則五代目の直参になってほしいと頼んだことがあったが、あっさり断られた。そこで、では五代目の相談役になってもらえないかと重ねて頼むと、生島は「私は（五代目ではなく）中野さんを応援したい」と改まって言い、実際にそうしてくれていた。もし私ではなく五代目を応援していたら、射殺されることもなかったのではないか。

そんなふうに思うこともある。

ちなみに生島の射殺をめぐっては、鶴城郁夫と丈二兄弟との「因縁」が指摘されたこともある。

生島を射殺した俠友会の二代目会長である鶴城丈二の兄・郁夫は、借金トラブルで生島の若い者に撃たれたことが元で、後に死亡しているのだ。

桑田、司たちの逮捕

ＪＲ京都駅や理髪店で私を殺せなかったことで、桑田たちは私からの報復を異様に恐れ、怯《おび》えて日々を過ごすようになった。

拳銃を持たせたボディガードの数を異常に増やし、ちょっとしたことにもビクビクして、周囲から見ても滑稽なほどだったという。

そして、宅見射殺事件が起こった。桑田はさぞ肝を冷やしたことだろう。

この射殺事件から約一ヵ月が過ぎた平成九（一九九七）年九月二〇日。大阪市内のホテルで、当時山口組若頭補佐だった司忍弘道会会長と瀧澤孝芳菱会総長に同行していたボディガードが銃刀法違反容疑で逮捕され、持っていた実弾入り拳銃などが押収された。

これらの事件の原因は、「宅見事件後に抗争を恐れた親分衆の身の安全確保のための拳銃所持」と報じられたが、実際には、発端は私への銃撃未遂事件であり、私からの報復を恐れて一年前から所持させていたのだ。

さらに、この年の一二月下旬には同様の銃刀法違反容疑で桑田も逮捕され、後に起訴される。いつ来るかわからない私の影に怯えていたのだ。

その一方で、理髪店の事件では、目の前で私の若い者が敵を射殺していたのに、私自身は共謀共同正犯の罪に問われることはなかった。このことについては別に述べるが、宅見の事件を境に警察の捜査も変わったのではないかとも思う。

司、瀧澤、桑田の裁判では、銃刀法違反（共同所持）の「共謀」の概念が広く解釈され、「組長と配下の組員との間には具体的な謀議がなくとも、暗黙のうちに拳銃所持についての了解がある」という「ヤクザの行動原理」が審理の中心となった。

そして、いずれもボディガードに拳銃を持たせていただけで自身は銃を持っていないこと、共謀の証拠は一切示されていないことなどの共通点が多かったにもかかわらず、判決はそれぞれ異なるものとなった。

司は一審では無罪となったものの、二審の逆転有罪判決が後に確定、桑田は一審から有罪判決を受けた。また、桑田は服役中に体調を崩し、執行停止を受けた後に死去している。事実上の獄死であった。

そして、瀧澤の裁判は一審で無罪判決を受けてから、差し戻しが繰り返され、本人が亡くなる平成三〇（二〇一八）年まで同じ裁判が約二十年にわたって繰り返された。平成二一（二〇〇九）年に引退し、闘病しながら死ぬまで「刑事被告人」の立場であった。亡くなった五月九日も「八度目の審理」となる「第二次差し戻し控訴審」の判決が言い渡される予定であった。

同様の罪で起訴された司らが実刑判決を受けて服役したのに、瀧澤だけを無罪にはできないという検察の思惑が浮き彫りになった事件である。

瀧澤の一審の無罪は、桑田のガードをしていた「SWAT」（米警察のSpecial Weapons And Tactics、特殊火器戦術部隊にヒントを得たとされる）や司の「親衛隊」のような武装組織を瀧澤が持っていなかったことや、逮捕後に拳銃を所持していた組員を破門したこと（司は逆に報奨していた）、ホテルも本名で宿泊してマッサージを受けていたことなどが決め手となった。

検察も裁判所も「周囲を警戒していたとはいえない」という弁護側の主張を覆せなかったのである。

宅見射殺事件後は司ら若頭補佐の逮捕により、執行部が激減したこともあって、若頭の不在が続くことになる。

若頭とは、組長にとっての「長男」であり、次期組長候補でもある。このため「ナンバー2」と称される。

組織によって異なることもあるが、山口組の場合は、この若頭と舎弟頭（組長の弟分である「舎弟」のトップ）、統括委員長、本部長、若頭補佐によって執行部が構成される。

後の話になるが、この要職である若頭に宅見に次いで就任し、二ヵ月後に六代目山口組組長を襲名したのは司忍である。平成一七（二〇〇五）年のことで、宅見事件から八年を経ていた。

山口組の歴史で、若頭の空席がこれほど長く続いた例は他にないのだが、山口組の「試練」は、それからもさらに続くことになる。

第五章
山口組の迷走

山口組の終わりのはじまり

話をまた少し戻そう。

山口組は人数が多いので、いろいろな人間がいる。

面白い人間も多く、四代目山口組の竹中正久と、その実弟の武には世話になった。

四代目はコワモテといわれていたが、じつはそれほどでもなく、丸顔で愛嬌のある男であった。そして、何よりも金狂道には陥っておらず、組や若い衆のことをちゃんと考えている数少ない俠《おとこ》である。

斬った張ったの世界ではあるが、四代目の射殺は、やはり衝撃であった。

「輸血頼まれたんじゃ。オヤジが死んだらお前が責任とってくれるんかい！」

大阪市天王寺区の大阪警察病院の前は、３００人を超えるやくざが目を血走らせて押しかけ、大阪府警の警官隊と押し問答を続けていた。昭和60年1月26日、土曜日の夜。広域暴力団山口組の竹中正久・四代目組長（当時51歳）が、大阪・吹田市内のマンションで対立する暴力団一和会の組員にピストルで撃たれ、担ぎこまれたのがこの病院だった。

ＭＳＮ産経ニュースｗｅｓｔ（二〇一一年一〇月一一日付）は、当時の様子をこう伝える。

翌日、竹中組長は意識を回復しないまま死亡。２年余りにわたって繰り広げられ、双方合わせて30人近い死者を出すことになった「山一抗争」の幕開けだった。

銃撃事件はその日午後９時15分ごろ、吹田市江坂のマンションの玄関で起きた。ステンドグラスが輝き、２階まで吹き抜けになった玄関ホール。コート姿の３人の男に向けて、待ち伏せしていた男２人がピストルを乱射した。

目撃したのはこのマンションに住む女子中学生だった。

「大変です。男の人が撃ち合っています」

必死で１１０番した少女が再び駆け戻ると、ロビーのエレベーター前に血だらけになった男が２人倒れていた。１人はうめき声をあげ、もう１人はピクリとも動かなかった。竹中組長に同行していた山口組ナンバー２の若頭、中山勝正・豪友会会長（当時47歳）と、南組の南力・組長（同47歳）だった。

胸や腹に銃弾を受け、瀕死《ひんし》の重傷を負った竹中組長は、自力で自分のベンツに乗り込み、配下の組員の運転で大阪市南区（現中央区）内の南組事務所に向かっていた。そこから救急車を呼び大阪警察病院に搬送されたのだった。

山口組は三代目の田岡一雄組長が昭和56年7月に死亡。3年間にわたる後継者争いの末、この事件の前年の7月、竹中組長が四代目になった。しかし、山口組内の反竹中派はその前月に一和会を結成して分裂。一触即発の状態が続き、いつ対立抗争事件が起きてもおかしくないといわれていた。だが、いきなり山口組のトップ2人が撃たれるとは、警察当局も予想すらしていない展開だった。

なお、このマンションの部屋を所有していたのは、飛鳥会の小西邦彦理事長である。小西についてはすでに述べたが、竹中はマンションを出入りするときには「小西邦彦」を名乗っていたという報道もある。

神戸から少し離れた吹田《すいた》市内という場所でもあり、一和会が竹中の居場所として察知するには、わかりにくかったのではないかと思う。

これを一和会の人間に「道案内」をしたのは、だれだったのか。宅見だとの見方もある。

四代目のボディガードをしていたのは生島の若い者だった。そのボディガードを「直参でもないモンが何しとんや」と外させてしまったのが宅見だった。

竹中武の闘い

昭和五六（一九八一）年七月、三代目山口組・田岡一雄が死去した。

田岡が作り上げた三五年間の山口組の蓄積を継ぐ者をめぐり、熾烈な争いが繰り広げられた。四代目の人選は田岡の死後から三年を要し、決定後も山口組の者同士が争うこととなった。山一抗争である。

四代目の襲名が確実視されていた若頭の山本健一は、当時は服役中であり、当面の間は暫定的に集団指導体制が敷かれることになった。

集団指導にあたったのは、三代目山口組若頭補佐の山本広・山広組組長（筆頭若頭補佐）、竹中正久・竹中組組長、中山勝正・初代豪友会会長、中西一男・中西組組長（後に四代目山口組組長代行就任）、益田芳夫（後に「佳於」に改名）・益田組組長、加茂田重政・加茂田組組長、溝橋正夫・溝橋組組長、若頭補佐兼本部長の小田秀臣・小田秀組組長、そして三代目の妻・文子夫人である。

ところが、山本が三代目の後を追うように獄死してしまい、候補者をめぐって対立が深まっていく。

山本の死から四ヵ月後の昭和五七（一九八二）年六月五日、山本広組長代行による暫定体制がスタートした。

一四日には、内紛を牽制しようと兵庫県警が文子夫人を「三代目姐《あね》」と認定したが、これもいい方向へは行かなかった。

四代目に山本代行を推すグループと、竹中若頭を推すグループの間に軋轢が強まる中で、文子夫人が「夫は『四代目は山本健一、若頭は竹中正久』と申しておりました」と言ったことで四代目が決定する。

ところが、「遺言があったとは聞いていない」「なぜ三年も経ってから言い出すのか」との声が高まり、ますます険悪になっていく。

山本広への同情論もあり、山本らは一和会を結成して山口組を離脱する。

昭和五〇（一九七五）年から五三（一九七八）年にかけての山口組と大阪・松田組との大

阪戦争が終わると、山口組の抗争は主に巨大化したがゆえの内部の争いとなっていった。その最たるものが昭和五九（一九八四）年から平成元（一九八九）年まで続いた山一抗争である。

たとえ身内であっても、気に入らなければケンカするのがヤクザであるので、それ自体はしかたないと思う。

だから、山一抗争で射殺された四代目山口組・竹中正久の実弟の武の闘いが、長く続くことになったのも、しかたないとは思う。

平成元（一九八九）年三月、一和会を率いていた山本広が東灘警察署に出頭、自身の引退と一和会解散を表明した。三月末には稲川会・稲川裕紘本部長に付き添われて山口組本部を訪れている。山本は山口組執行部に四代目の殺害を謝罪して四代目と三代目の遺影に手を合わせ、引退と一和会の解散を報告した。

この席に竹中武もおり、対外的にはこれで山一抗争の終結となったが、竹中組に謝罪がないことを竹中が納得せず、山口組との対立が深まっていく。

五代目体制発足

平成元（一九八九）年三月に山一抗争が一応の終結を迎えたこともあり、翌四月の定例会で、四代目山口組若頭で二代目山健組渡邉芳則組長の五代目山口組襲名が発表された。新体制発足は七月である。

この定例会のあとに竹中武は定例会に出席しなくなり、六月に山口組の離脱を表明する。岸本才三総本部長ら十数人が慰留したが、竹中は聞き入れなかった。岸本は竹中と仲がよかったから、説得にまわったのだろう。

説得を聞き入れない竹中の態度に腹を立てたのだと思うが、宅見は山口組本家にあった四代目の仏壇と位牌を引き取るよう竹中に強制している。

四代目の存在を「なかったこと」にしたいのだ。また、毎月二七日に開かれていた定例会を「毎月五日」とした。二七日は四代目の命日なので、これまた感じが悪い話である。

さらに、竹中組のシマだった兵庫県西部の播州地区、姫路競馬場や姫路の飲み屋街などは、離脱後には別の山口組系の組織のシマにさせられてしまった。

こうしたネチネチとしたいじめのようなことをしかけてくる宅見に対し、竹中武は泰然としていた。山口組の当代の証である「守り刀」もすぐに返還し、四代目が所有していた代紋入りの三つ重ねの金杯も形見分けとして贈ったことで、「やはり男前だ」ということになった。当時の私は五代目側なので竹中武の頑《かたく》なさを面倒に感じていた部分もあるが、心中では見上げたものと思っていた。

五代目執行部は、「竹中組の離脱者は拾ってよい」という通達を出しており、山口組に戻った者も多かった。当時は山菱の金看板だけでまだ食えたのである。

結果的に、竹中は五代目執行部と距離をとり続けた。また、引退した山本広を狙い続けた。こういうところも男気があり、ヤクザらしい姿なのだが、山口組としては仲裁に入った稲川会と会津小鉄への手前もあり、許せる話ではない。

「あれはもう出て行った者なので、関知していません」というわけにはいかず、竹中武の山本広への攻撃をあきらめさせなくてはならなかった。

そこで山口組は竹中組への攻撃を始める。

これを一部では「山竹抗争」と言うようだが、竹中は山口組へのカエシをいっさい行っておらず、抗争ではない。

五代目山口組の襲名披露は平成九（一九八九）年七月二〇日であったが、七月に入るとすぐに岡山市内の竹中組事務所や関係者への銃撃が相次ぐようになる。

また、襲名披露で集まった祝儀の半分を先代に渡すという慣例を宅見が無視したうえ、四代目が所有していた山口組の土地の持ち分の買い取りの話も進まなかった。

こうしたさまざまな不満も対立の火種となった。

八月に入っても姫路市内の竹中組事務所や竹中組幹部の事務所への銃撃が続き、四代目の実弟で武の実兄の正が経営する不動産会社に清掃車による車両特攻事件も起こっている。

これらは宅見組と山健組の関係者によるものであったが、竹中組は報復をしていない。その一方で、旧・一和会への攻撃はゆるめなかった。

八月三一日には、司忍ら当時の五代目山口組の若頭補佐らが竹中武のもとを訪れ、竹中武の引退と組の解散を迫っている。もちろん竹中は拒否し、その後も竹中組への銃撃は続くことになる。

一一月には亡くなってから五年近くを経て本家で竹中正久四代目組長の組葬が行われている。喪主は竹中ではなく五代目山口組・渡邉芳則組長が施主、宅見組若頭が葬儀委員長を務めている。

組員は減っても、竹中は山広襲撃を諦めなかった。

それは、たいしたものと思う。

翌平成二（一九九〇）年には、旧・一和会の本部長宅に竹中組の若い者が押し入り、山広の居所を聞き出そうとして失敗している。このことが噂になり、逮捕監禁指示の疑いで竹中武が逮捕されている。

その後も火炎瓶投擲や銃撃が続いたが、この年の三月には四代目の姐さんの自宅まで銃撃される事態となる。これには姫路の山口組系の組織が警護に当たることとした。

だが、その後も山口組からの攻撃はとどまらない。

竹中武が山広へのカエシを諦めるまで山口組も引けないのである。

ただ山口組の内部にも意地を通す竹中を評価する声は多く、私も内心ではそう思っていた。

四代目山口組竹中正久は、現在の**姫路市**で**八男五女**の**七番目・三男**として**昭和八**（一九三三）**年**に**出生**している。**竹中家**は**長男**と**次男**、**生**まれてすぐ**亡**くなった**七男**を**除**き、ヤクザとなった。**四男**の**英男**、**五男・正**、**六男・修**、**八男・武**、である。とくに**正**はハワイで**逮捕**されたものの、**後**に無罪となったことで知られる。

昭和五九（一九八四）年、竹中正と四代目山口組舎弟・織田組の織田譲二が、ハワイで合わせて一九件の罪で起訴され、なぜか無罪となった事件である。当時の報道によると、容疑はロケット砲三門、マシンガン五丁、短銃百丁を計二二万ドルで買う契約を結び、ハワイに四キロの覚醒剤を持ち込んだうえに、大量のヘロインと覚醒剤を持ち込もうとした疑い、山広殺害のために五万ドルでヒットマンを雇おうとした疑いなどだが、さすがにＦＢＩの勇み足と批判された。

海外に進出しはじめていた山口組へのアメリカ当局の牽制の意味もあったと思われるが、ヤクザが無罪を勝ち取ったことで、日本でも話題になったのである。


平成元（一九八九）年四月二七日。

前若頭の渡邉芳則山健組組長の五代目組長就任が決定した。

就任をめぐっては、「まだ若い」という意見もあったが、宅見は「反対派」への根回しを続けていたのである。キャリアも年齢も若い渡邉の五代目就任には、多くの古参が異議を持っていたとされるが、それらの反対派に誠実に交渉して理解を得たのが宅見であった。

五月一〇日には若頭補佐だった宅見の若頭就任が決まった。

このとき、中野会も山口組直系組織に「昇格」した。渡邉五代目の親衛隊となるためである。翌平成二（一九九〇）年七月五日、渡邉五代目から山健組組長を引き継いだ桑田兼吉とともに私は五代目山口組若頭補佐となった。

渡邉芳則が五代目となった当初、執行部は宅見を若頭として舎弟頭に益田啓助、総本部長に岸本才三、野上哲男副本部長、舎弟頭補佐は石田章六、大石誉夫、桂木正夫、西脇和美、若頭補佐は五人だった。大阪の英《はなぶさ》五郎、元柳川組で宅見組にいた倉本広文、弘道会の司忍、大阪・黒誠会の前田和男、静岡の瀧澤孝である。

繰り返しになるが、もともとは田岡三代目という大親分が亡くなったことからはじまった混乱だった。跡目が確実視された山本健一若頭は獄死し、竹中正久四代目となったことでの山一分裂と四代目暗殺。ようやく抗争が終結しての五代目体制の船出だった。しかし渡邉芳則には田岡のようなカリスマ性は乏しく、調整型のリーダーだった。自然と、最高幹部たちは宅見のカネで鼻薬を利かされているか風見鶏《かざみどり》のように保身に汲々としているといった体たらくで、五代目のために命を懸けるといった雰囲気はまるでなかった。

だからこそ、私と桑田は、執行部における渡邉五代目の懐刀となるため指名されたのである。ところが、桑田は六代目への野心もあって宅見に懐柔され、渡邉芳則との関係が悪化していく。

五代目を守る男は私しかいなかったのだ。

それが、若頭が殺害され、私は絶縁処分となった。

渡邉芳則の孤立は必然だった。

五代目の死

平成一六（二〇〇四）年一一月二八日。

山口組の会合の席で、五代目が体調不良を理由とした「休養の方針」を発表したことが報道された。

私にとっては衝撃であると同時に、どこかで予想していたことでもあった。

同じ一一月、一二日に最高裁が五代目の使用者責任を認定する判決を言い渡しており、このことと無関係ではないのは察しがついた。新聞が「『使用者責任』の確定などによる求心力低下が原因か」「事実上の引退宣言」などとおもしろおかしく書いていた。

平成七（一九九五）年八月二五日午後四時ごろ、京都市左京区の会津小鉄会系山浩組事務所前で警戒中だった京都府警の藤武剛巡査部長（当時四四歳）が、山健組傘下の組員に会津小鉄会系組員と誤認され、拳銃で胸を撃たれ即死した。

この藤武は私服姿で防弾チョッキをつけておらず、「ヤクザと区別がつかなかった」との証言もあったが、実行犯の組員二名はそれぞれ懲役一八年と七年の刑が確定している。

被害者遺族は平成一〇（一九九八）年になって山口組のトップである渡邉芳則五代目に対して使用者責任による損害賠償を求め、京都地裁に提訴した。

平成一四（二〇〇二）年九月の一審判決では実行犯二名とその所属団体の元組長の共同不法行為責任が認められたが、抗争の前段階の行為に「事業性は認められない」として使用者責任は否定された。

しかし、二審の大阪高裁は「下部組織の抗争も、幹部会や組員を通じて抗争を指揮、監督できる使用者の地位にある」として使用者責任を認め、五代目に対して八千万円の損害賠償金の支払いを命じた。

五代目側は上告したが、平成一六（二〇〇四）年一一月に最高裁は上告を棄却、五代目を含め警察官誤射事件に関する四名の共同不法行為責任が認定された。

五代目の使用者責任の認定について、一一月一三日付の神戸新聞は次のように報じた。

指定暴力団山口組の三次組織組員に抗争相手と間違われ射殺された京都府警警察官＝当時（四四）＝の遺族四人が、山口組の渡辺芳則組長（六三）に損害賠償を求めた訴訟の上告審判決が十二日、最高裁第二小法廷（北川弘治裁判長）で言い渡された。

下部組織組員への指揮監督関係を認定。「シノギ」と呼ばれる資金獲得活動を暴力団の事業と判断し「下部組織の抗争は事業と密接に関連する行為」と述べ、指定暴力団トップが使用者責任を負うとの初判断を示した。

その上で実行犯二人と直属組長、渡辺組長の四人に計約八千万円の支払いを命じた二審大阪高裁判決を支持、渡辺組長の上告を棄却した。日本最大の暴力団組長に賠償を命じた初の最高裁判決。賠償責任が確定した。

抗争の巻き添えになった被害者の救済では、簡易な立証で指定暴力団組長の損害賠償責任を問える改正暴力団対策法が四月に施行されたが、判決は資金獲得活動での不法行為すべてでトップの使用者責任追及を可能とする判断で、暴力団に民事責任の網を広げる強力な武器となりそうだ。

民法は、従業員などが事業の遂行で他人に損害を与えた場合に使用者は賠償責任を負うと規定しており、判決理由で第二小法廷はまず渡辺組長の使用者性を検討。①下部組織にも山口組の名称、代紋を使用させていた②上納金が渡辺組長に取り込まれる体制がとられていた③渡辺組長の意向が末端まで伝達徹底される体制だった——と指摘。

山口組が抗争で功績のあった者を表彰していたことなども考慮し「下部組織の対立抗争での殺傷行為は、山口組の威力を利用しての資金獲得活動の執行と密接に関連する行為」と述べ、渡辺組長に使用者責任があると結論付けた。北川裁判長は補足意見で「対立抗争で威力、威信を維持しなければ、組織の自壊を招きかねず、抗争自体を組長の事業そのものとみることも可能だ」と付け加えた。

そもそも「ヤクザの使用者責任」とは、何なのであろうか。

五代目の「失脚」の端緒といわれ、今では「使用者責任」を恐れるあまり、親分たちは子分たちに「おとなしくしろ」と言うばかりだと聞く。おとなしいヤクザなど、ヤクザではない。殺しやムショが怖ければ、ヤクザになどならなければいいのだ。

理不尽なことも受け止めるのがヤクザだが、自分が知らないことまで責任を負わせるというのであれば、話は違ってくる。

しかし、使用者責任の点に関しては、私はなぜか「セーフ」であった。

民事ではあるが五代目は顔も見たことのない枝の組員の誤射事件の責任を問われ、司忍らは子分が拳銃を持っていただけで逮捕されているのに、理髪店銃撃では私の目の前で若い者が相手を射殺したにもかかわらず、私は逮捕されなかった。

この理由はわからないし、これからも解明されることはないだろう。

理髪店襲撃事件では、多勢に無勢だったこともあり、京都府警が「明らかに会津小鉄側が悪い」と判断したのかもしれない。

だが、考えてみれば、やたらに「使用者責任」が問題にされるようになったのは、平成九（一九九七）年の宅見射殺事件以後なのである。

警官誤射事件も、事件そのものは宅見事件の前の平成七（一九九五）年に起こっているが、妻らが裁判を起こしたのは誤射事件から三年も経ってからだった。

おそらく裁判は遺族の意思ではないのだろう。警察官の妻とはいえ、ヤクザを相手に裁判を起こそうとは普通は考えないのではないか。たぶん「だれか」が遺族に提訴するように説得したのだ。

もちろん共謀共同正犯や殺人の教唆など、「共犯」として親分が逮捕されることは以前からあった。コトを起こすにあたり、親分からはっきりとした指示がある場合も、ない場合もある。

子分というものは、親分から「行ってこい」と言われれば行くしかないし、言われなくても子分が親分の気持ちを忖度《そんたく》して行くこともあるのだ。

にもかかわらず、最近の論調は「親分は子分の行動をすべて把握しているのだから、責任も当然負う」ということのようだ。いったい子分が何人いることを想定しているのか。物理的に絶対に不可能である。

いずれにしろ子分がしでかしたことの「責任」を親分に取らせるなど、私の若いころには聞いたこともなかった。

そもそも私らが若いころは、親分や兄貴の罪をかぶって子分が出頭するのも当たり前だったし、警察も裁判所もうすうすわかっていながら、事件を処理していた。今では考えられないことだろう。

警察の捜査や責任追及の「流れ」は、宅見事件をきっかけに変わったのだと思う。

この判決を受け、五代目は長期静養を宣言、山口組の運営を執行部に委譲することとした。そし

て、翌平成一七（二〇〇五）年七月二九日に引退を表明した。
その後、五代目は平成二四（二〇一二）年一二月、神戸市内の自宅でひっそりと亡くなっている。

五代目とは、引退した後も会うことはなかった。私も病に倒れ、昔のように電話で話すのも煩《わずら》わしく、こちらから電話をかけることもなければ、電話もかかってこなかった。山健組創成期からの付き合いで、二人で健竜会を立ち上げ、ヤクザ社会の頂点をきわめた間柄だが、あっけないものだ。ただ、それも致し方ない。しょせんはヤクザの末路だ。

第六章

中野会解散

いくたびもの「死刑宣告」

平成一七（二〇〇五）年八月、私は自らの引退と中野会の解散を決め、若い者たちに大阪府警に届けさせた。

破門、絶縁、「中野会の復帰はない」とする山口組本部長通達、暴対法指定。

私と中野会は、もう何度もヤクザとしての「死刑宣告」、あるいはレッテル貼りを受けてきた。

最後に残っていたのが、私の引退と中野会の解散であった。


平成一五（二〇〇三）年一月に脳梗塞で倒れた私は、ずっと療養中であったが、平成一七（二〇〇五）年八月に自らの引退と中野会の解散を決めた。

その前月である七月の五代目の引退表明でふんぎりがついたのである。

平成九（一九九七）年九月の絶縁から八年が経っていた。

五代目からは、謹慎するように言われていただけで、引退も解散も指示されたことはない

――私はそう主張して独立組織として中野会を率いて、五代目に何か事が起きればすぐに動くと公言していた。私はまだ山口組への復帰をあきらめたわけではなく、意地もあった。

山口組にとっては、これほど迷惑なことはなかったのだろう。

執行部の気持ちもわからないではない。

絶縁した組織がのうのうと存在していては、対外的にも「ヤクザとしてケジメをつけていない」と批判されるからだ。実際にされている。

それでも、私は私なりに筋を通してきたつもりである。

ところが、平成一七（二〇〇五）年七月二九日の山口組総本部での緊急会議で五代目が引退を表明して、弘道会会長・司忍の六代目山口組襲名が決まった。

五代目の引退は、「体調不良」が理由であった。前年の一一月に休養が発表されたときから、「この日」が来るのはうすうすわかっていた。

「ああ、これでもうワシの役目も終わったな」

私は素直にそう思った。

六代目の継承式は八月二七日に行われるという。私の進退も決断しなくてはならなくなった。

だいぶ減ったとはいえ、当時もまだ二百人近い若い者もおり、考えることはたくさんあったが、決めてしまえばあとは流れに任せるしかなかった。

私のために命を懸けて尽くしてくれた若い者たちの身の振り方については、心を砕いてはいたものの、さして力にはなれなかった。本当に申し訳なく思っている。盛力健児が著書で、私から若い者を引き受けてもらうように懇願されたなどと書いているが、そんな事実はないし、盛力が私の若い者をすべて面倒みると約束したという事実もない。過ぎた話とはいえ、ここは言わしていただきたい。

竹中武の来訪

直接、私に引退を勧めてきたのは、四代目山口組・竹中正久の実弟の武であった。

武のもとを名神会の石川尚が訪れ、六代目の意向を伝えてきた。「代替わりをしたら改めて中野会のことも考えないといけなくなる。いまさらドンパチして血を流しこもしかたないだろう」という。名神会は三代目時代から続く名跡で、六代目執行部でも古参の重鎮だった。武も納得して、私に引退を勧めにきたのである。

武からの連絡を受けたのは、私の身の周りの世話をしてくれていた、舎弟の岩田龍三だった。私は岩田に「もう、ゆっくりさせてくれるか？」と思わず語った。すると岩田は、盟友の飛鳥会小西邦彦を立会人として話を固めた。私の気が変わらないうちに事を進めようと、岩田なりに気を遣ったのだろう。

先にもふれたが、私は武には悪い感情は持っていない。

武は四代目亡きあと、山口組への愛着はあったにもかかわらず、山口組の守り刀や土地の持ち分の件などで宅見らにさんざんイヤな思いをさせられてきた。

さらに旧・一和会山本広元会長への襲撃をあきらめなかったことから、山口組から一方的に攻撃されている。

それでも山口組に対して自ら牙をむくことはなく、むしろ組織の将来を案じていた。

「兄の仇」を狙うあまり、自ら率いていた竹中組の若い者たちに苦労させたことを批判する者もいるが、私はそれなりの人物だと思っている。

竹中武が京都の自宅に来てくれたのは、いつだったか。

私が解散届を出す平成一七（二〇〇五）年八月七日の少し前であろう。

「ご苦労はん。もうええやろ……」

こう言われると、やはり「わかりました」と言うまでには一瞬、躊躇《ちゅうちょ》があった。

「…………」

「会長、辛抱やで」

「…………」

「五代目ももう引退やしな」

「……そうでんなあ。あとは武さんにお任せしますわ」

そうして、私は引退を正式に決めたのである。

その場には立会人の小西と、六代目側から近松組組長の近松博好が来ていた。武は近松に対して「お前ら山口組は弱いモンイジメしかでけへんのか！」と一喝してくれた。

解散の段取りは武に一任したが、そこで主に動いてくれたのは舎弟の岩田と若頭だった加藤眞介である。

武の事務所で六代目執行部から「中野の引退の条件として詫び状を二通書いてもらう。一通は山口組に、もう一通は宅見事件の現場で同席していた岸本才三にや」とカマされたが、若い者が突っぱねた。

武も了承して「要らんやろ」と言ってくれた。

その武も、それからわずか三年後の平成二〇（二〇〇八）年三月に亡くなってしまった。ずっと肝臓を患っていたと聞いている。

以前の私は、五代目や宅見をボロカスに批判する武の心情は理解していたが、五代目山口組若頭補佐の立場から、賛同はできなかった。しかし、その批判は単なる感情的な中傷ではなく、筋は通っていたのである。

竹中武は、数少ない「男の中の男」であると思う。抗争の実績でも評価され、弁も立った。

離脱を表明した武に対し、五代目らは竹中を何とか引き留めようとして協議する一方で、宅見が引き留め計画を潰していたことも思い出す。

宅見は、自分よりも優秀な者に対して異様な嫉妬と猜疑心《さいぎしん》の炎を燃やしていたのである。

ホンマに難儀な男であった。

のちの六代目山口組体制では「三代目竹中組」も具体化したらしいが、武の引退を前提とされたため立ち消えとなっている。

だが、平成二七（二〇一五）年八月に山口組が分裂すると、翌九月に安東美樹が率いていた二代目柴田会が突然二代目竹中組に改称した。山健組が六代目山口組から脱退した現在、兵庫県内に拠点を置く二次団体は、もはやこの二代目竹中組と神戸の岸本組だけなのだと聞いている。

安東自身は山一抗争の功労者であり、なかなかの男前である。何といっても山一抗争では山本広の自宅を対戦車砲で攻撃し、一和会を壊滅させた。山口組が三代目時代なら、抗争の殊勲者の安東が跡目になっていたことだろう。

当時の報道は、中野の引退と中野会の解散を小さく伝えるにとどまった。

宅見事件以降の中野会の動向をめぐってはメディア各社が競って大々的に報じることが多かったが、時代の流れもあってか、扱いは小さかった。

大阪市天王寺区の指定暴力団「中野会」が8日までに、大阪府警に解散届を提出した。病気療養中の中野太郎会長（68）は引退する見通し。

府警捜査4課によると、中野会長の代理人が7日、府警本部に書面を持参した。中野会は、97年8月、神戸市中央区のホテルで指定暴力団山口組最高幹部、宅見勝・宅見組組長（当時61歳）と、巻き添えで歯科医師（同69歳）が射殺された事件に組員らが関与したとされ、中野会長は山口組から絶縁（永久追放）された。現在の組員は約130人。（八月八日付毎日新聞）

そして、この年の暮れには中野会への「暴力団」の指定が取り消される。

府公安委員会は22日、府警に解散届を出していた指定暴力団「中野会」（天王寺区生玉町）について、暴力団対策法に基づき、指定を取り消した。中野会は1997年、指定暴力団山口組ナンバー2の組長殺害事件に絡み、山口組から絶縁処分を受け、今年8月、中野太郎会長の引退に伴い、解散した。（一二月二三日付読売新聞）

「菅谷組と同じように……」

私の引退と解散を〝ボンノ〟こと菅谷政雄の事例と比較する声は多かった。

竹中武も六代目執行部から「菅谷さんのときのようにしてほしい」と言われ、「時代が違う」と一蹴したという話を後になって聞いた。

執行部の思惑はともかく、私は武の勧めもあってカタギになり、中野会は解散した。

その後も、武は何かと私を気遣ってくれた。

また、久しぶりに井上邦雄も見舞いに来てくれた。後に神戸山口組をともに起こす正木年男と二人で来た。あまり満足な話もできなかったが。


「この度、わしは田岡三代目から、詳しい事情はいっさい判らんが死刑と同じ絶縁処分を受けた（略）理由は判らん」

（『伝説のやくざ　ボンノ』正延哲士、幻冬舎）

三代目山口組で若頭補佐を務め、「伝説のヤクザ」といわれたボンノこと菅谷政雄が若い者を前にこう言ったのは、昭和五二（一九七七）年四月のことである。

「……わしは田岡親分に対してなにも悪いことはしとらんが、何をされても田岡はわしの親や。どんな目に遭わされてもタテつけへん。……が、わしは引退はせん。わしはわしの道を行こうと思う。おまえらはよう考えて、自分の最良と思う道を選ぶように」

菅谷の絶縁をめぐっては、当時の若頭・山本健一との不仲などさまざまな原因があるとされる。菅谷は、絶縁処分は受け入れたが、菅谷組を独立組織として存続させたことで、三代目山口組執行部との軋轢が深まることになる。

一本独鈷として四年を過ごしたあと、病を得たこともあり、引退を決意する。

菅谷は、当時若頭補佐を務めていた竹中正久らの案内により、料理屋で三代目山口組・田岡一雄と対面し、引退を報告する。

竹中は、「……これから、堅気になりますではあかんぞ。堅気になりましたというてくれ」と菅谷に確認し、菅谷も了承する。

田岡は、「ボン。痩せてもうたのう」と菅谷をねぎらったが、菅谷の若い衆のことは「放っておけ」と言っている。

歩んできた道が驚くほど中野太郎と似ていることから、中野会問題は「菅谷のときのように対処できれば……」と山口組でもいわれるほどであった。

異なるのは、中野は側近たちから引退を迫られていないことと、山口組執行部は中野会の者たちを放っておかずに山口組内の組織に勝手に割り振ったことであろう。また、中野会は暴対法による暴力団の指定を受けているが、これは時代の違いである。

菅谷は、自らの意志で引退を決める前に、若頭や舎弟頭らから「引退して老後を安楽に暮らしてほしい」と言われ、激昂していたと正延は書いている。そうした中で、菅谷を「説得した」のは四代目山口組・竹中正久であったのだ。

そして、正久の実弟である武が中野に引退を勧めたことは、運命のめぐり合わせとしか言いようがない。

この田岡と菅谷の対面には、菅谷側の人間として生島久治も同席していた。竹中正久と生島はとても仲が良かった。

生島によれば、田岡は「ボン、ワシは怒ってないで」とも言ったという。

私が若いころ、山健組は新興勢力でどんどん山口組の内部で勢力を拡大していたわけだが、菅谷は煙たい存在だった。実際、山健組と菅谷組のいざこざもしょっ中だった。私たちは「ボンノ」ではなく「ボス」と呼んでいた。ヤマケンは三代目に可愛がられていたが、菅谷は三代目に一目おかれていたのである。

いずれにしろ、当代に声をかけられて引退した菅谷と私では、いろいろと異なる。

カタギとしての日々

引退の前から、私は体調がよくないこともあって、外出もままならず、テレビを観る時間が増えていた。いまもテレビを観る時間が多く、やはり山口組の動向は気になる。テレビに向かって「アカンなあ」などとつぶやいてしまうこともしばしばである。

とくに、井上邦雄らが指揮しての山口組分裂が報じられたときには、ひとまず自分のことは棚に上げ、「情けないのう……」と独りごちた。六代目も神戸も、そこから出た任侠も、それぞれに言い分はもちろんあるだろうが、残念である。

「己の利益ばかり考えよってからに……」

ヤクザはケンカをしてナンボではあるが、カネが原因で争い、袂《たもと》を分かつのは寂しい。自分は山口組とはもう無関係なのだが、やはり悲しく、悔しかった。そもそもは、中野会が宅見を殺したことが、こういう分裂を繰り返す現状を招いてしまったように思えて、いたたまれなくもある。

はぐれ者たちが集まり、支え合い、何かあれば躊躇なく敵に立ち向かう。

それが本来のヤクザである。

ところが、いつしか金狂道に陥り、カネの亡者《もうじゃ》となった親分たちは、己に責任が及ぶことを恐れて常にビクビクし、ケンカすらできなくなってしまった。

一方で、若い衆たちは会費の重い負担のために御法度のシャブ（覚醒剤）やオレオレ詐欺に手を出さざるを得ない。

こんなものはヤクザでも何でもない。

なぜ、こんなことになってしまったのか。

バブルもあるが、警察との関係もある。

私はもともと「全国、どっちを見ても山口組」という拡大路線には反対であった。田岡三代目も最初はそうだったと聞いている。

小さな組織には、小さな組織なりのよさがある。

仮に抗争が起こっても、別の組織がすぐに仲介に乗り出すので、いろいろな組織があったほうが何かと都合がいいのだ。

だが、警察が頂上作戦などで締めつけを厳しくしたことで、山口組は強くならなければならなくなった。まずは組織を大きくするしかないのである。これは、いいとか悪いとかの問題ではなく、警察や他の組織との関係で、そうせざるを得なかったのだ。

五代目も三代目の全国進出路線をさらに大きく拡大した。

そして、私は山口組内に「戦闘部隊」を作るのが夢であった。本来のヤクザらしい、ケンカの強い、荒事《あらごと》を担うことができる少数精鋭部隊である。六代目をとった弘道会には「十仁会」なる秘密組織がある。こちらは戦闘部隊のみでなく、対警察も含めた諜報活動も行うというもっぱらの話だが、私の構想が、少しは実を結んだのかもしれない。

山口組はどこへいくのか

「親分、井上（邦雄）が割って出るらしいです」

平成二七（二〇一五）年のお盆を過ぎたころ、若い者からこう言われた。

「へえ……」

「出てどないすんのやろ？」

正直なところ、みんな半信半疑であった。

井上は、当時は六代目山口組の若頭補佐で四代目山健組組長であった。もともと慎重なタイプであるが、大阪戦争では長い懲役に行っている。

「またデマとちゃいますかね」

若い者は一笑に付していた。以前から、六代目執行部を批判する怪文書なども出回っており、このときも私は半信半疑であった。

だが、噂は本当だった。井上率いる山健組や入江禎《ただし》率いる二代目宅見組など一三団体、準構成員を含めると約五千人が八月末に山口組を離脱、新しい組織「神戸山口組」を創設したのだ。これは山口組の約三割にあたると報じられた。

この年は、奇《く》しくも山口組設立百周年であった。

大正四（一九一五）年に神戸の沖仲仕だった山口春吉初代が設立した山口組は、多くの抗争を経て日本一の組織に成長してきた。

百年の間には、対立や分裂もあったが、これほど大規模な離脱は、昭和五九（一九八四）年の一和会の結成時だけである。

一和会も当初は七千人といわれたが、当時は山口組全体が一万三千人ほどだったので、数のうえでは一和会のほうが優勢だった。だが、山本広が平成元（一九八九）年に己の引退と一和会の解散届を出したときのニュースでは、組員は「約二十人」となっていた。

当時の報道によれば、山健組などの離脱が明らかになったのは平成二七（二〇一五）年八月二七日のことである。二九日付の産経新聞は次のように伝える。

> 指定暴力団山口組（総本部・神戸市灘区）の運営に携わる複数の直系組織（２次団体）が離脱し、事実上の分裂状態となった問題で、離脱する直系組織の組長らが、警察当局に対し、新組織を

設立する意向を伝えていたことが28日、関係者らへの取材で分かった。分裂の経緯などを説明したとみられる。警察当局は、山口組側と離脱組双方の抗争に発展する可能性もあるとみて、警戒を強めている。

関係者によると、離脱する直系組織の組長らが、警察当局側に経緯を説明したのは27日。山口組五代目、渡辺芳則組長（故人）の出身母体の山健組（神戸市）など3組織の組長らが離脱の経緯などを説明し、新組織について「神戸山口組」など、「山口組」を含む名称を検討していることを述べたとされる。

一方、山口組は、離脱の意向を示すなどしている13団体の絶縁・破門処分を決めたとみられている。

神戸市中央区の山健組事務所では28日午前、緊急の会合があり、山健組系組長らが集まった。組織の引き締めを図ったとみられる。防弾チョッキを装着した兵庫県警の警察官ら数十人が周囲を警戒した。

八月二七日の前後から山口組に関するニュースが激増し、私も気になってテレビばかり見ていた。

やはり金狂道ゆえの離脱なのか。

平成二三（二〇一一）年に暴排条例が全国で施行となり、「暴力団員」とその家族は銀行の口座すら持てない時代となった。

田岡三代目はいつも「正業を持て」と言い、ヤクザでも働ける道を作っていたが、暴排条例では、その正業に就けないのだ。

これでは会費どころか自分が食っていくこともできない。

そうなればシャブやオレオレ詐欺に手を出すしかないではないか。

薬物は、三代目も四代目も禁止していたが、隠れてシノギにする者は少なくない。手っ取り早くカネになるからだ。

だが、おおっぴらにやってはならないのである。

それが金狂道のせいで、「鉄砲玉になる子分」よりも「カネを運んでくる子分」のほうが大事にされるようになり、分裂の背景にはそうしたカネの問題があることは察しがついた。

だが、カネの問題で割って出たところで、何の意味があるのか。

平成の終わりに起こった「日本最大の暴力団・山口組」の分裂は、ヤクザ社会のみならず日本社

会に衝撃を与えた。

しかも親分・子分の盃を返す「逆盃《ぎゃくさかずき》」というヤクザ最大のタブーである。山口組に限らず、ヤクザ組織は分裂と抗争を繰り返してきたが、ここまで大きな分裂は例が少なく、一和会の結成時のような大抗争も懸念された。

ヤクザ組織とは、本来は差別や貧困で寂しい思いをした者たちが寄り添う相互扶助的な組織であり、親分が子分の面倒を見る家族でもある。ケンカばかりする者も、「家族」がいれば一定の歯止めになる。

それが分裂に至るのは、よほどのことである。

シノギが細るなかで、食っていけない者たちが急増しても、もはや親分が面倒を見きれないのだ。

そして、新たな分裂も起きた。

平成二九（二〇一七）年春、神戸山口組の一部の者が離脱を発表、「任侠団体山口組」（のちに「任侠山口組」に改称）を名乗ったのである。

これで山口組は三つになった。

「組長」ではなく「代表」に就任した織田絆誠《おだよしのり》は、発足当初の神戸山口組若頭代行に就任しており、四代目山健組では副組長、若頭補佐などを歴任した「若手ホープ」として知られる。

これらの山口組が一つの「山口組」に戻れる日はくるのか。

少なくとも司はそれを望んでいるといわれ、離脱した若い者たちを呼び戻すことに奔走しているといい、「再統合」の噂も浮かんでは消えている。

他団体の組織も、動いていると聞いている。

やはり山口組は大きくなりすぎたのだろう。組織が肥大化すれば内々のゴタゴタも当然増える。

五代目と宅見との確執に日々頭を悩まされた、私がいたころと変わってはいないんやな……と思わずにはいられない。

三つの山口組をめぐっては、大規模抗争には至っていないが、数件の殺人事件のほか車両特攻などの事件も相次いでいる。

とりわけ平成二九（二〇一七）年九月に発生した任侠山口組代表・織田絆誠襲撃事件は、織田こそ無傷であったものの警護役の任侠山口組関係者が射殺される事態となった。織田らは神戸市内を車で移動中に神戸山口組系のヒットマンに襲撃され、警護役の組員が立ち向かっている。

「撃ってみんかい！」

こう叫んだ警護役の頭部が撃たれ、住民たちは騒然となった。

四代目山健組傘下の実行犯は指名手配されたが、行方がわかっていない。

この事件に先がけ、前年の平成二八（二〇一六）年五月には、当時の神戸山口組舎弟頭・池田孝志率いる池田組若頭の射殺事件、和歌山では山健組直参の撲殺なども相次いでいる。池田組の件では弘道会系の組員が出頭し、山健組直参の事件では六代目山口組倉本組関係者らが逮捕されている。

山口組を名乗る組同士が殺し合うのは、私が言うのも何だが、忍びないものがある。ただ、私が思うには、これらの組織は、いつかは一つに戻る日が来るのではないか。

一和会のような新しい組織ではなく、それぞれが「山口組」を名乗ることからもわかるように、山口組に愛着があるからだ。

だが、それは明日なのか十年後なのかは、わからない。

ともあれ、病身の私がその帰趨《きすう》を見届けられる可能性は低いだろう。竹中武のように、実力も貫禄もある人間が山口組の現状を憂いて行動してくれることを私も期待している。

思えば、山口組が他地域への侵攻を開始した時代に九州から出てきて、創設されたばかりの山健組に参加し、健竜会を立ち上げ、仲間たちとともに山口組を支えてきた。「人斬り太郎」と呼ばれて暴れ回り、渡邉芳則を五代目にした。私自身、絶縁されたとはいえ、三つに分かれてしまった山口組の帰趨に関心がまったくないと言えばウソになる。バブルを経て金狂道に走ってしまった山口組だが、やはりヤクザらしい山口組に戻ってもらいたいという思いはある。

なんにせよ、やはりヤクザは「親分が白と言ったら黒いものも白」の世界だ。親分のために命を懸ける——。その世界観は時代が変わろうとも失われることはない。

私にとっての親分は渡邉芳則だった。私が直参として仕えた山口組組長は渡邉だけである。親分と若頭がゴタゴタしている。そういうときは、ヤクザとして親分に従わねばならない。ヤクザとして生きる途を選んだ以上、それは必然だった。

ただ、その結果として若い者たちを苦しませ、あるいは死に追い込んでしまった。その当時のことを思い返せば、いまも悲憤に明け暮れるばかりである。

あとがき

朝七時に起きて洗面を済ませ、朝食をとる。
その後は、テレビのニュースや新聞に目を通し、週に何回かリハビリを受ける。
あとは若い者や妻と話したりして日々が過ぎていく。
これが、現在の私の生活である。

若い者たちに苦労をかけどおしだった私が、このような平穏な生活を送ることが許されるのだろうか。
今でも後ろめたい。

「男の世界」とは、哀れなものだ。
たとえ「男の中の男」といわれても、しょせんは「ヤクザ者」である。
理不尽な世界で生き、理不尽な思いだけをしてきたが、それはヤクザとして生きる以上、しかたのないことだった。

いずれワシは殺される。殺すのは、中野しかおらん……。

宅見がこう言っていたと聞いた。

任侠を貫くのもヤクザなら、とことん汚く生きるのもヤクザである。

ヤクザとは、そんなものなのだ。

ヤクザ者が語ることなどないと思っていたが、今は話せてよかったと思う。

多くの方に迷惑をかけてきたが、ヤクザとして生きる以上、しかたのないことだった。

末筆になるが、私のつたない話を丁寧に聞いてくれた宮崎学氏に心より感謝申し上げる。

そして、私の若い者たち全員に伝えたい。

みんな、ありがとう。

そして……、すまなかった。

中野太郎

現在の中野太郎元中野会会長

山口組と中野太郎　年表

西暦	年号	月日	出来事（※敬称略）	社会の動き
1881年	明治14		山口春吉、現在の兵庫・淡路島で出生	
1902年	明治35		春吉・ワキ夫婦の間に長男・登が出生	
1904年	明治37			日露戦争（1904～05）
1906年	明治39		春吉が妻子とともに神戸に移住	
1913年	大正2	3月28日	田岡一雄が現在の徳島・東みよし町で出生	
1915年	大正4		春吉が神戸・兵庫区西出町内で約50名の沖仲仕を集めて「山口組」を結成。当時は大島秀吉率いる「大島組」（のちに大嶋組）の傘下	
1923年	大正12	9月1日		関東大震災
1929年	昭和4		大島秀吉が上納をやめた山口登を破門	
1930年	昭和5		田岡一雄が山口組舎弟・古川松太郎の下で三ン下修行を始める	
1933年	昭和8	11月30日	竹中正久　出生	
1936年	昭和11	1月20日	田岡一雄が山口登より盃を受け、組員となる	二・二六事件（2月）
		6月22日	**宅見勝　出生**	
		10月30日	**中野太郎　出生**	
1938年	昭和13	1月17日	山口春吉死去。57歳	
1941年	昭和16	1月8日	渡邉芳則　出生	太平洋戦争開戦

1942年	昭和17	山口登死去。享年41歳	
1945年	昭和20　8月15日		終戦
1946年	**昭和21　夏**	**田岡一雄が三代目山口組組長を襲名**	
1958年	昭和33	東京でテキヤをしていた渡邉芳則が神戸に移住	
1960年	昭和35　8月9日～23日	明友会事件の発端。大阪ミナミのクラブ「青い城」で山口組三代目・田岡一雄と中川組組長・中川猪三郎、山本広(山広組組長)らが歌手・田端義夫の公演に関する労をねぎらっていた折、近くにいた明友会の幹部が田端に歌を強要した。その要請を中川猪三郎は慰労で来ている事情を説明し断ったが、明友会組員に殴打された。店内は一時騒然となったが、田岡一雄は身を挺して田端をかばい、その場は事なきを得た	
1961年	**昭和36**	**山本健一が山口組山健組を結成。このころ、中野太郎は柳川組を頼りに上京するも、山本健一に預けられる。渡邉芳則も山健組に**	
1963年	昭和38	宅見勝、福井英夫率いる福井組入り。福井組は当時大阪ミナミで勢力を拡大していた南道会(藤村唯夫会長、三代目山口組舎弟)傘下	
1964年	昭和39　2月	警察庁による第一次頂上作戦(～1969年4月)	
1966年	昭和41	宅見勝、福井組若頭補佐就任	
1967年	**昭和42**	**宅見勝、三重県鳥羽市に「宅見組」創設**	
1970年	**昭和45**	**渡邉芳則「健竜会」創設。中野太郎が相談役に**	

1975年　昭和50	7月26日	三代目山口組と大阪の独立組織である松田組による「大阪戦争」の発端となるジュテーム事件が起こる。大阪・豊中の喫茶店「ジュテーム」で松田組系組員が山口組系佐々木組の組員3人を射殺、1人に重傷を負わせる
1976年　昭和51	10月3日	佐々木組組員が大阪・日本橋で松田組系の大日本正義団・吉田芳弘会長を射殺、緊張が高まる
1978年　昭和53		**宅見が田岡三代目から盃を受ける**
	7月11日	京都のクラブ「ベラミ」を訪れた田岡組長を大日本正義団幹部・鳴海清が狙撃。これを機に8月から10月にかけて公衆浴場や松田組幹部自宅、路上といった場所で山健組や宅見組による松田組組員射殺事件が発生。9月17日に六甲山の山中で鳴海の惨殺死体が発見される
	11月1日	大阪戦争について山本健一若頭が一方的に抗争終結を宣言、松田組側も終結宣言を大阪府警に提出して終結へ
1981年　昭和56	7月23日	田岡組長死去
1984年　昭和59	6月5日	直系組長会で竹中正久若頭の四代目就任を決定
	6月13日	山本広組長代行の四代目就任を求める反竹中派が脱退、一和会を結成
	7月10日	竹中正久四代目襲名式
	8月5日	山口会系の岸根敏春組長による一和会系幹部（坂井組串本支部・潮崎進若頭補佐）の刺殺を端緒として抗争が勃発。89年の収束までに３１７件の抗争が起こり、５６０人の逮捕者、山口組側の死者10人・負傷者17人、一和会側の死者19人・負傷者49人、警察官と市民の負傷者も4人に上った

1985年　昭和60	**1月26日**	**一和会の襲撃部隊が竹中正久組長らを銃撃、ボディーガード南力組長は即死、中山勝正若頭は4時間後に死亡、竹中組長は大阪警察病院に搬送されたが翌27日に死亡**	
	9月22日		G5（先進5ヵ国蔵相・中央銀行総裁会議）により「プラザ合意」発表。日本経済はバブル化
1989年　平成1	3月15日	一和会・山本広会長と稲川会、会津小鉄、山口組の最高幹部が会談	
	3月19日	一和会・山本広会長が解散と引退を表明	
	3月27日	山口組執行部会で、四代目山口組中西一男組長代行と渡邉芳則若頭が五代目山口組組長の立候補を表明	
	3月30日	元一和会・山本広会長が山口組本家を訪問し、謝罪。これにより5年に及ぶ山一抗争収束	
	4月27日	**渡邉芳則若頭の五代目山口組組長就任が決定**	
	5月10日	**宅見勝若頭補佐の五代目山口組若頭就任が決定**	
	7月20日	山口組本家で五代目山口組組長の「継承式」	
	8月31日	山口組幹部が竹中武竹中組組長に引退と解散を勧告、竹中組長は態度を保留	
1990年　平成2	**7月5日**	**中野太郎中野会会長、桑田兼吉山健組組長の五代目山口組の若頭補佐昇格が発表される**	

1992年　平成4	3月		暴対法（暴力団員による不当な行為の防止等に関する法律）施行。複数の組織が「暴力団指定」について不服の申し立てや違憲訴訟を提訴
1993年　平成5		渡邉芳則五代目が京都を訪れ、高山登久太郎四代目会津小鉄会長らと「親戚縁組」、友好関係を確認	銃刀法改定により「自首減免規定新設」
1995年　平成7	1月17日	阪神淡路大震災発生。山口組はいち早く支援活動に奔走する	
	8月25日	京都市内で山口組組員が京都府警の藤武剛巡査部長（当時44歳）を抗争相手の会津小鉄組員と間違えて射殺	
1996年　平成8	2月	山口組若頭補佐・桑田兼吉（山健組組長）と共政会・沖本勲会長（広島）と会津小鉄会・図越利次若頭（京都）が、山口組本部で五分の兄弟盃を交わす	
	7月10日	**京都・八幡市の理髪店で四代目会津小鉄系組員が中野太郎若頭補佐を襲撃。会津小鉄側の2名が射殺される。宅見若頭が独自に会津小鉄と和解**	
	8月26日	ＪＲ大阪駅前の路上で、生島組元組長・生島久次が射殺される	
	9月3日	生島元組長の殺害について山口組山健系組員が出頭	
1997年　平成9	**8月28日**	**神戸オリエンタルホテルで宅見若頭射殺事件発生。居合わせた歯科医師が巻き添えで重傷を負う**	
	8月30日	**宅見若頭の通夜。中野若頭補佐は姿を見せず**	

8月31日	中野若頭補佐に破門処分決定。この後から中野会系組事務所などへの発砲や火炎瓶投擲など報復行為と見られる事件が40件以上発生	
9月3日	オリエンタルホテルで巻き添えになった歯科医師の死亡により、中野若頭補佐の処分が破門から絶縁に変更される	
9月10日	熊本市で病院勤務の男性が中野会幹部と間違われて銃撃され、重傷	
9月15日	部落解放同盟飛鳥支部・小西邦彦支部長が所有し、部落解放同盟飛鳥支部などが入居するビルに銃弾が撃ち込まれる	
9月20日	**大阪市内のホテルで山口組若頭補佐の司忍弘道会会長、滝澤孝芳菱会会長らに同行していたボディーガードが銃刀法違反容疑で逮捕され、実弾入り拳銃などが押収される**	
9月30日	**中野会関係者への襲撃がやまないことから、山口組総本部が各ブロック長を通じて中野会の組事務所や組員の自宅などへの発砲禁止を通達。上部団体の処分も含めた異例ともいえる厳しい内容で注目されたが、襲撃はやまなかった**	
10月1日		指定暴力団の抗争時に組事務所の使用を制限できる改正暴対法施行
10月25日	二代目宅見組の「盃直し」と「継承式」挙行。87人が入江禎二代目と盃を交わす	

	11月25日	神戸地裁が神戸市須磨区内の中野会本部事務所の使用を差し止め
	11月	**山口組若頭補佐・司忍弘道会会長、銃刀法違反で指名手配**
	12月12日	大阪で中野会と関係があるとされる金融業者が銃撃され、宅見組傘下の組員が逮捕される。翌年2月の公判で組員が「中野会のタマ(命)を取ったら上層部が3000万円の報酬をくれる。道具と若衆を用意してやる」と指示されたことを証言
	12月26日	東京を訪れていた山口組若頭補佐・桑田兼吉山健組組長が東京・六本木で銃刀法違反で逮捕される
1998年 平成10	1月	兵庫県警が中野会壊滅集中取締隊を設置
	2月4日	兵庫県警、中野会吉野和利風紀委員長らを競売入札妨害容疑などで指名手配
	2月24日	宅見若頭の襲撃グループが特定され、別件で指名手配されていることが報じられる
	3月5日	**山口組定例会で、岸本才三本部長による「中野会の復帰は絶対にない」と本部長通達が発表される。中野会復帰の途は完全に断たれる**
	3月	兵庫県警、詐欺の疑いで元中野会系組員・中保喜代春を指名手配
	6月	司忍弘道会会長、逮捕・起訴
	7月	韓国・ソウルのアパートで中野会吉野和利風紀委員長の遺体が発見され、死因は脳卒中と推定される

	8月	**誤射によって殺害された京都府警警察官の妻らが渡邉芳則組長と実行犯らに損害賠償を求めて京都地裁に提訴**
	10月2日	兵庫県警暴対二課と生田署が詐欺の疑いで元中野会系組員・中保喜代春を逮捕。詐欺容疑とともに宅見若頭襲撃事件の関与の追及も報じられた
1999年　平成11	2月15日	中野会至龍会組員・吉田武を別件の詐欺事件で逮捕
	3月24日	兵庫県警捜査本部、吉田武と中保喜代春を殺人容疑などで再逮捕。財津晴敏、鳥屋原精輝、川崎英樹を殺人容疑で指名手配
	5月18日	京都市内の自宅近くで中野会・金山組金山義弘組長と同組員が宅見系組員に撃たれて重傷
	7月1日	大阪府公安委員会、中野会を指定暴力団に指定
	7月	司忍、10億円の保釈金で保釈
	7月12日	兵庫県警捜査本部、川崎英樹を逮捕
	9月1日	中野会若頭・山重組山下重夫組長が大阪市生野区の麻雀店で二代目宅見組幹部組員ら4人に射殺される
	10月26日	神戸地裁、吉田武と中保喜代春に求刑通り懲役20年の判決。被告人が控訴
2000年　平成12	1月21日	神戸地裁、川崎英樹に求刑通り懲役20年の判決。被告人控訴
		出所した井上邦雄は、四代目健竜会会長を継承し、同時に三代目山健組直参となる。三代目山健組では若頭補佐に抜擢された

	6月5日	大阪高裁、吉田武と中保喜代春の控訴棄却。吉田は上告せず確定、中保は上告
	7月11日	大阪高裁、川崎英樹の控訴棄却。上告せず確定
2002年　平成14	1月16日	最高裁第二小法廷、中保喜代春の上告を棄却、刑が確定
	4月20日	中野会副会長・弘田憲二弘田組組長が沖縄で天野組組員・山下哲生に射殺される
2003年　平成15	**1月25日**	**中野太郎会長、脳梗塞で倒れる**
2004年　平成16	2月24日	大阪高裁、司忍に懲役6年の実刑判決
	11月	警官誤射殺事件で渡邉芳則組長の使用者責任を認定した最高裁判決。渡邉組長は長期静養を宣言、組の運営を執行部に委譲
2005年　平成17	5月	司忍弘道会会長が六代目山口組若頭就任発表
	7月29日	**五代目山口組・渡邉芳則組長が引退を表明、司忍弘道会会長が六代目山口組組長就任発表**
	8月7日	山口組・寺岡修侠友会会長、竹中武竹中組長らの仲介で中野太郎会長の代理人が解散届と中野の引退届を大阪府警に提出
	8月27日	六代目山口組「継承式」
2006年　平成18	6月30日	中野会系幹部・鳥屋原精輝の遺体が神戸市東灘区のプレハブ倉庫内で発見される。死因は衰弱死
2007年　平成19	11月9日	部落解放同盟大阪府連合会飛鳥支部・小西邦彦支部長が肺癌で死去(74歳)

2008年	平成20	3月15日	竹中武竹中組組長、肝臓癌で死去（64歳）	
2011年	平成23	3月11日		東日本大震災発生
		4月9日	司忍弘道会会長、出所	
2012年	平成24	12月1日	五代目山口組・渡邉芳則組長、神戸市内の自宅で死去（71歳）	
2013年	平成25	6月5日	逃亡中だった中野会幹部・財津晴敏が16年の逃亡の末に埼玉県内のアパートで逮捕される	
2014年	平成26	1月17日	山口組最高顧問岸本才三死去	
		3月14日	神戸地裁、財津に無期懲役の判決。被告人控訴	
		11月26日	最高裁第二小法廷、財津の上告を棄却。無期懲役が確定	
2015年	平成27	8月27日	六代目山口組から直系組長13人が離脱。四代目山健組組長井上邦雄を組長として神戸山口組を結成する	
2016年	平成28	5月31日	神戸山口組系池田組高木忠若頭が六代目山口組系組員山本英之に射殺される	
2017年	平成29	4月30日	神戸山口組若頭代行の織田絆誠が代表となり任侠山口組を結成。山口組は六代目、神戸、任侠の三派鼎立状態に	
		9月12日	任侠山口組織田絆誠代表が神戸山口組系組員菱川龍巳に襲撃され、ボディーガードの任侠山口組系組員楠本勇浩が射殺される	
2018年	平成30	5月16日	山健組若頭中田広志が五代目山健組組長に	

著者

中野太郎（なかの・たろう）

元五代目山口組若頭補佐。1936年、大分県日田市に生まれる。若いころより無頼派で鳴らし「喧嘩太郎」「懲役太郎」の異名を持つ。60年ごろ、九州より大阪に移り、名和組を経て山口組内山健組に加入。70年、山健組内に健竜会をのちの山口組五代目組長渡邉芳則とともに設立、会長は渡邉、自身は相談役となる。89年、五代目山口組発足に伴い、山口組直参に。90年、五代目山口組若頭補佐に就任。97年、五代目山口組若頭宅見勝の射殺事件により山口組から破門、さらに絶縁処分を受ける。2003年、脳梗塞で倒れる。05年、五代目渡邉組長の引退、司忍を組長とする六代目山口組発足後、自身が率いた中野会を解散し、引退した。

監修

宮崎学（みやざき・まなぶ）

作家。1945年、京都府京都市生まれ。京都市伏見に拠点を置く寺村組初代組長を父に持つ。65年、早稲田大学第二法学部入学。70年より「週刊現代」記者に。96年に刊行した『突破者』（南風社）がベストセラーとなった。近著に『山口組と日本　結成103年の通史から近代を読む』（祥伝社新書）などがある。

悲憤《ひふん》

二〇一八年一二月一〇日　第一刷発行

二〇一八年一二月二一日　第二刷発行

著者――中野太郎《なかのたろう》

監修――宮崎学《みやざきまなぶ》

発行者――渡瀬昌彦

発行所――株式会社講談社

東京都文京区音羽二―一二―二一

郵便番号　一一二―八〇〇一

電話　〇三―五三九五―三五二二　編集

〇三―五三九五―四四一五　販売

〇三―五三九五―三六一五　業務

印刷所――株式会社新藤慶昌堂

製本所――大口製本印刷株式会社

ISBN978-4-06-513628-7